PROFIL D'UNE ŒUVRE

Huis clos
(1944)

SARTRE

Résumé
Personnages
Thèmes

JEAN-BENOÎT HUTIER
agrégé des lettres

HATIER

SOMMAIRE

© HATIER, PARIS, 1997   ISSN 0750-2516   ISBN 2-218-**71574-0**

Toutes les références à *Huis clos* renvoient à la collection
« Folio », Gallimard, 1972, n° 807.

Huis clos
(1944)

SARTRE   THÉÂTRE — DRAME
(1905-1980)   XXᵉ SIÈCLE

RÉSUMÉ

L'action se déroule dans un « ailleurs » fictif. Venant de
mourir, trois personnages arrivent en enfer pour y subir
leur damnation éternelle.

Scène 1 : Un « garçon d'étage » introduit Garcin dans
un salon de style Second Empire, d'où il ne pourra plus
jamais sortir. Garcin s'étonne : l'enfer ne ressemble en
rien à l'idée qu'il s'en faisait de son vivant.

Scène 2 : Après le départ du « garçon d'étage », Garcin
sombre dans une crise de désespoir.

Scène 3 : Le « garçon » réapparaît pour introduire une
femme, Inès, qui prend d'emblée Garcin pour le « bourreau ». Claustrés ensemble, ils ne tardent pas à se rendre
réciproquement insupportables.

Scène 4 : Une jeune femme entre à son tour, Estelle,
qui multiplie les mondanités, comme si elle se trouvait
en visite. Le « garçon » prévient le trio qu'il ne viendra
désormais plus personne.

Scène 5 : Tous trois s'interrogent sur les raisons, pour
eux incompréhensibles, qui ont motivé leur réunion en
enfer. Est-ce un hasard, une erreur ? Ils se décident, à
l'instigation d'Inès, d'avouer leurs fautes, seul moyen
de comprendre pourquoi ils sont condamnés à vivre
éternellement ensemble.

Chacun, sous la pression des deux autres, finit par
reconnaître qu'il est un assassin. Soulagés par leurs
aveux, ils tentent de se supporter et de s'aider. Peine
perdue.

L'enfer, ce n'est pas la souffrance physique et les instruments de torture : « c'est les autres ». Sous le regard
d'autrui, chacun doit « vivre » dans la pleine conscience
de sa lâcheté et de ses échecs. Plus d'alibi possible, plus
de fausse excuse. Ils ont vécu et ils ont raté leur vie.

Garcin supplie l'enfer de l'engloutir. La porte du salon
s'ouvre soudainement. Fuir ! Mais Garcin choisit de demeurer pour tenter de convaincre Inès qu'il n'est pas un
lâche. En vain. Un individu n'est que la somme de ses
actes.

Un atroce éclat de rire les réunit à jamais dans une mutuelle souffrance morale.

PERSONNAGES PRINCIPAUX

Garcin, journaliste, fusillé pour être resté fidèle à son idéal pacifiste, qui s'imagine être un héros et qui n'est qu'un lâche.

Inès, ancienne employée des Postes, homosexuelle, qui a détruit le couple de sa meilleure amie. Morte d'une asphyxie par le gaz.

Estelle, femme d'un vieil homme riche, maîtresse d'un jeune homme et infanticide. Morte d'une pneumonie, elle n'a cessé et ne cesse de tricher avec la réalité.

THÈMES

1. Liberté et «mauvaise foi» : que fait l'homme de sa liberté ? Et comment se masque-t-il ses échecs ?

2. «L'enfer, c'est les autres» : comment le regard d'autrui est-il à la fois nécessaire et insupportable ?

3. Un «théâtre de situation» : l'approche sartrienne du théâtre.

TROIS AXES DE LECTURE

1. Théâtre et philosophie : sauver le sens de sa vie par un acte.

2. Théâtre et fantastique : étude et signification de la «mort vivante» ; les rapports du temps et de l'éternité.

3. Tragédie ou anti-tragédie ? Une nouvelle conception du théâtre.

1 Jean-Paul Sartre et son temps

Jean Paul Sartre naît le 21 juin 1905 à Paris, d'un père officier de marine catholique et d'une mère protestante. L'année suivante, son père meurt d'une fièvre tropicale en Indochine. Sa mère rejoint ses parents à Meudon, dans la banlieue parisienne.

UNE JEUNESSE AU MILIEU DES LIVRES (1905-1924)

Enfant unique et adoré, Sartre grandit parmi les livres que lui fait découvrir son grand-père maternel. Dès l'âge de sept ans, il lit quelques-unes des œuvres de Flaubert, de Rabelais, de Corneille ou de Voltaire. Comment ne serait-il pas à son tour écrivain ? Pour sa famille, c'est une évidence heureuse[1].

En 1917, le remariage de sa mère avec le polytechnicien Joseph Mancy l'oblige à poursuivre ses études à La Rochelle, où le couple s'installe. Sa scolarité est brillante. Mais le jeune Sartre s'entend mal avec ses nouveaux condisciples, ainsi qu'avec son beau-père. Pendant ses loisirs, il écrit des romans de cape et d'épée.

De retour à Paris en 1920, Sartre est élève au lycée Henri IV. Bachelier à 17 ans, il prépare le concours d'entrée à la prestigieuse École normale supérieure, où il est reçu en 1924.

---

1. Sartre a raconté avec humour, détachement et lucidité ses années d'enfance et de jeunesse dans *Les Mots* (1964). Il a rédigé ce livre, par ailleurs brillant, moins dans un souci d'exactitude que dans le désir de régler ses comptes avec le milieu bourgeois dans lequel il a été élevé. Politiquement engagé à gauche puis à l'extrême gauche, Sartre en est venu à détester la bourgeoisie qu'il jugeait réactionnaire.

■■■■■ UNE PASSION POUR LA PHILOSOPHIE (1924-1929)

Durant les cinq années qu'il passe à l'École normale, Sartre se prend d'intérêt pour la philosophie. Il s'initie à la pensée et aux systèmes de Descartes, de Spinoza, de Rousseau. Il lit Valéry, Bergson, Schopenhauer, Nietzsche, Marx, Freud. Cet étudiant studieux (mais qui possède aussi la réputation d'un chahuteur) rencontre l'écrivain Paul Nizan qui restera son grand ami jusqu'à sa mort au front en 1940[1]. Il se lie également d'amitié avec le (futur) sociologue Raymond Aron, avec lequel il se brouillera par la suite pour des raisons politiques[2].

Son échec, en 1928, à l'agrégation de philosophie paraît incompréhensible. Mais, en 1929, il est reçu premier. Cette année-là, il fait la connaissance de Simone de Beauvoir qui, malgré les fluctuations des passions, restera sa compagne jusqu'à la fin de sa vie.

■■■■■ PROFESSEUR DE PHILOSOPHIE (1930-1941)

Professeur de philosophie, Sartre enseigne dans différents lycées, au Havre, à Laon et à Paris. Parallèlement, il voyage en Europe et en Afrique du Nord. Bénéficiant d'une bourse universitaire, il part en 1933 à Berlin, où il s'initie à la phénoménologie[3] allemande.

---

1. Philosophe, essayiste et romancier, Paul Nizan (1905-1940), ancien élève comme Sartre de l'École normale supérieure, abandonne l'enseignement pour le journalisme et la littérature. Membre du Parti communiste français de 1927 à 1939, il fit partie des jeunes intellectuels révolutionnaires de l'entre-deux-guerres.
2. Philosophe, rédacteur en chef du journal *La France libre* à Londres (1940-1944), fondateur avec Sartre de la revue *Les Temps modernes*, puis éditorialiste au *Figaro* (de 1947 à 1977), Raymond Aron (1905-1983) a publié plusieurs livres sur l'évolution politique, économique et sociale du xxe siècle. Il devint l'un des principaux critiques du marxisme. Sartre rompra pour cette raison avec lui.
3. La phénoménologie se propose de découvrir les structures de la conscience par la description des choses elles-mêmes. Son plus brillant théoricien est le philosophe allemand Husserl (1859-1938).

Ses réflexions débouchent en 1936 sur la publication d'un essai, *L'Imagination*. Son premier roman, *La Nausée* (1938), remporte un succès considérable. Suivent un recueil de nouvelles, *Le Mur* (1939), et un traité de psychologie, *Esquisse d'une théorie des émotions* (1939).

Mobilisé en 1939, fait prisonnier en 1940, Sartre est libéré en 1941 pour des raisons médicales[1].

■■■■■ DURANT LES ANNÉES DE GUERRE (1941-1945)

Jusque-là, Sartre s'était tenu éloigné de toute action politique. Il ne votait même pas. De son temps, il était plus un témoin passif qu'un acteur. L'expérience de la guerre, de la captivité puis de l'occupation allemande le fait évoluer.

Avec quelques intellectuels de gauche, Sartre crée un éphémère cercle de réflexion sous l'appellation de « Socialisme et Liberté ». L'un des buts que se fixe le groupe est de dénoncer l'esprit de collaboration ou de passivité qui se manifeste en France. Sartre collabore également à la revue clandestine des *Lettres françaises*; et il prend part aux réunions secrètes du Conseil national des écrivains, que préside le poète Paul Éluard (1895-1952).

Mais à la différence d'Éluard, de Camus ou de Malraux, Sartre ne participe activement à aucun mouvement de résistance active. La création en 1943 des *Mouches*, sa première grande pièce de théâtre, n'est rendue possible qu'avec l'accord de la censure allemande[2] et, il est vrai, l'autorisation de la solliciter que lui a donnée le Conseil national des écrivains

---

1. Très tôt, Sartre eut des problèmes de vue qui l'affecteront toute son existence. Il sera frappé de semi-cécité en 1974.
2. La production littéraire est, durant l'Occupation, soumise au contrôle de la censure allemande. Rien ne peut s'éditer et être joué au théâtre sans l'accord de l'occupant nazi. Les écrivains français réagissent de deux façons. Les uns (comme Vercors ou Mauriac) publient clandestinement. D'autres (tels Aragon et Sartre) publient officiellement des œuvres dont une lecture attentive permet toutefois de détecter leur opposition au nazisme. C'est le cas des *Mouches,* par exemple.

Durant toute la guerre, Sartre se préoccupe davantage de littérature et de philosophie que de lutter véritablement contre l'ennemi. A la Libération, il participe au lancement du journal *Combat* ainsi qu'à celui de la revue des *Temps modernes*.

Toutefois, le climat de l'époque influe sur son évolution. Ses premières pièces – *Les Mouches* (1943) et *Huis clos* (1944) – développent le thème de la responsabilité et de la nécessité de l'engagement politique, conséquence de la liberté humaine. De ces trois notions, Sartre fera les concepts de base de sa morale et de sa philosophie.

Publié en 1945, *L'Âge de raison*, premier tome du cycle romanesque des *Chemins de la liberté* (1945-1949), est l'écho de l'évolution profonde de Sartre. Son héros, Mathieu, renonce progressivement à une existence confortable, mais stérile, pour s'engager dans l'action[1].

Auparavant était paru *L'Être et le Néant* (1943), l'ouvrage philosophique le plus célèbre de Sartre.

■■■■ UNE ACTIVITÉ DÉPLOYÉE SUR TOUS LES FRONTS (1945-1964)

Après la guerre, Sartre, devenu un auteur à succès, démissionne de l'enseignement pour désormais vivre de sa plume. L'existentialisme[2], nom donné au système philosophique dont il est reconnu comme l'inspirateur le plus fécond, s'impose comme une référence intellectuelle majeure.

Sartre déploie dès lors une activité débordante, tant littéraire que philosophique et politique. Son militantisme l'absorbe au point de parfois l'emporter sur son travail d'écrivain. «Compagnon de route» [3] des communistes, il signe un

---

1. Après la publication du troisième volume, *Les Chemins de la liberté* resteront inachevés, tant l'action militante paraît à Sartre plus urgente.
2. Voir ci-desous, p. 31.
3. L'expression «compagnon de route» désignait à l'époque ceux qui soutenaient l'action du Parti communiste français sans y être pourtant affiliés.

« manifeste contre la guerre froide », lutte politiquement contre la guerre que la France mène en Indochine, puis en Algérie. L'intervention militaire de l'URSS en Hongrie (1956) le conduit à prendre ses distances avec le Parti communiste français. En 1958, il manifeste contre le retour au pouvoir du général de Gaulle.

En même temps, Sartre multiplie les conférences et les essais sur ses conceptions philosophiques, dont le plus important est *L'Existentialisme est un humanisme* (1946). Sous le titre de *Situations* (I, II, III...), Sartre rassemble des études de critique littéraire, des articles et des chroniques sur l'actualité.

Ses pièces de théâtre posent les problèmes les plus brûlants. *La Putain respectueuse* (1946) dénonce le racisme aux États-Unis. *Morts sans sépulture* (1946) traite de la torture. *Les Mains sales* (1948) aborde le conflit du réalisme et de l'idéalisme en politique. *Le Diable et le Bon Dieu* (1951) montre l'homme seul maître de son destin. *Les Séquestrés d'Altona* (1959) évoque le désarroi d'une conscience égarée par l'hitlérisme.

Sa réflexion philosophique s'approfondit avec la *Critique de la raison dialectique*, publiée en 1960, dans laquelle il s'efforce de concilier les théories marxistes et l'exigence de liberté absolue qu'implique l'existentialisme. Contesté par les marxistes, cet essai contribuera à distendre les liens entre Sartre et le Parti communiste français.

Pour l'ensemble de son œuvre, Sartre reçoit en 1964 le prix Nobel de littérature, qu'il refuse pour des raisons politiques.

■■■■■ LE MILITANT GAUCHISTE ET LE CRITIQUE LITTÉRAIRE (1964-1972)

Cette même année 1964, paraissent *Les Mots*, œuvre autobiographique qui remporte un vif succès, ainsi qu'un essai : *Qu'est-ce que la littérature* [1] ? Il y analyse le statut de la littérature et de l'écrivain dans la société. En 1971

---

1. Une première version du texte était parue en 1948.

et 1972, Sartre publie les trois premiers tomes de *L'Idiot de la famille*, consacré à Gustave Flaubert[1].

Son engagement à l'extrême gauche de l'échiquier politique français s'accentue à mesure qu'il devient de plus en plus sceptique envers l'influence de la littérature sur la société. Sartre prend parti contre la guerre que les États-Unis mènent au Vietnam et soutient le « Printemps de Prague » en Tchécoslovaquie[2]. Durant les événements de mai 1968 qui secouent la France, il s'engage aux côtés des étudiants et dénonce le comportement de la police.

■■■ LES DERNIÈRES ANNÉES (1972-1980)

L'action militante absorbe ses dernières années. Rompant définitivement avec l'URSS, Sartre se rapproche des mouvements d'extrême gauche. Il prend la direction du quotidien *La Cause du peuple* puis de *Libération*. Soutenant toutes les formes de contestation sociale et condamnant les violences politiques partout où elles se produisent, il participe dans le monde à des actions en faveur des droits de l'homme.

Sa vue et sa santé déclinantes l'obligent toutefois à renoncer à écrire. Hospitalisé le 20 mars 1980, Sartre tombe dans le coma le 13 avril et meurt le 15 sans avoir repris connaissance.

L'annonce de sa mort suscite dans le monde une émotion considérable. Une foule immense l'accompagne lors de ses funérailles, le 19 avril 1980, au cimetière parisien du Montparnasse.

---

1. Ce titre, de prime abord étrange et même provocateur, s'explique par le fait que Sartre voit dans l'origine de la vocation d'écrivain de Flaubert une maladie nerveuse, une « névrose » dont celui-ci n'aurait jamais guéri.
2. Au début de 1968, la Tchécoslovaquie tente de se libéraliser. Le 21 août de la même année, le pays est envahi par les armées du pacte de Varsovie. L'URSS mettait fin à cette expérience de « socialisme à visage humain ».

2 Résumé

La pièce comporte quatre personnages et un seul acte, divisé en cinq scènes. L'action se déroule en « enfer » [1], hors du temps et de l'espace.

███ SCÈNE 1

Comme dans un hôtel, un « garçon d'étage » introduit un homme dans un salon « Second Empire » [2].

L'homme s'étonne de ne pas y trouver les instruments de torture dont l'imagerie traditionnelle peuple l'« enfer ». Il n'y a que des canapés et un objet en bronze, posé sur une cheminée. Le style du mobilier lui déplaît. Mais qu'importe ! Ne faut-il pas regarder les situations en face ? C'est donc ça, l'« enfer » ?

La belle assurance de l'homme s'effrite toutefois. La pensée de vivre éternellement sous une lumière électrique dans une pièce sans fenêtre, et dont la porte ne s'ouvre que de l'extérieur, l'affole bientôt. L'homme crie, réclame sa brosse à dents. Mais à quoi sert une brosse à dents quand on est mort ? Le « garçon d'étage » sourit et se retire.

███ SCÈNE 2

Resté seul, l'homme plonge dans une crise de désespoir. À plusieurs reprises, il actionne le bouton d'une sonnette qui ne marche pas. Il tambourine alors du poing sur la porte en appelant le garçon. Personne ne lui répond. L'homme, pour se calmer, va s'asseoir sur l'un des canapés.

---

1. Dans la religion chrétienne, l'enfer est le lieu du supplice destiné aux âmes damnées.
2. Historiquement, le Second Empire désigne le règne de Napoléon III, de 1852 à 1870. En décoration et en ameublement, le style « Second Empire » qualifie le mobilier caractéristique de cette époque.

■■■■■ SCÈNE 3

La porte s'ouvre. Entre une femme, accompagnée du « garçon ». Déçu qu'elle ne lui pose aucune question, le « garçon » ressort aussitôt, la laissant seule avec l'homme. D'emblée, elle s'enquiert auprès de lui d'une certaine Florence, qu'il ne connaît pas. Puis, comme elle le prend pour le bourreau, l'homme décline son identité : « Garcin, publiciste, homme de lettres ». Sèchement, la femme se présente à son tour : « Inès Serrano. Mademoiselle ».

Garcin lui demande pourquoi elle l'a d'abord pris pour le bourreau. Parce qu'il a peur et que tous les bourreaux « ont l'air d'avoir peur », lui répond Inès. Garcin proteste, détourne la conversation. Ne convient-il pas d'organiser leur cohabitation ? Le mieux est que chacun reste le plus silencieux possible ou, à défaut, qu'il ne s'adresse à l'autre qu'avec la plus extrême politesse.

Garcin regagne son canapé pendant qu'Inès se promène de long en large. Il ne peut toutefois réprimer un tic de son visage : ses lèvres se crispent sans cesse. Inès s'en irrite. Pourquoi lui inflige-t-il le spectacle de sa peur ? Garcin admet redouter la souffrance. L'enfer n'est-il pas le lieu des châtiments ? Garcin enfouit son visage dans ses mains pour masquer le mouvement de sa bouche. Inès reprend sa marche.

■■■■■ SCÈNE 4

La porte s'ouvre de nouveau. Entre, sur les pas du « garçon », une jeune et jolie femme, qui supplie Garcin de ne pas relever la tête. Garcin retire ses mains, lui montre son visage. Elle s'excuse de l'avoir confondu avec un autre et rit de sa méprise.

Le « garçon » leur annonce qu'il ne viendra plus personne. Ils resteront tous trois enfermés dans le salon pour l'éternité.

La jeune femme demande où elle peut s'asseoir. Le canapé bordeaux lui déplaît, ainsi que le vert épinard. Leur couleur jure trop avec son manteau bleu clair. Galant, Garcin lui cède le sien, qui lui convient mieux. Elle se présente enfin : « Estelle Rigault ». Le « garçon » sort.

■■■■■■ SCÈNE 5

(La scène étant très longue, le résumé qui suit en propose un découpage par séquences, indiquées par des
titres entre crochets.)

[La réunion de trois morts]

(Depuis le début de la scène, p. 30, jusqu'à : « *Il réfléchit
un moment* », p. 38.)

Inès s'intéresse aussitôt à Estelle à qui, dit-elle, elle aurait voulu offrir un bouquet de fleurs en guise de bienve-
nue. Celle-ci la remercie, lui demande depuis combien de
temps elle est… Estelle n'ose pas dire « morte ». Mais
Inès qui a compris le sens de la question lui répond qu'elle
est en enfer depuis la semaine dernière : asphyxie par le
gaz. Estelle dit avoir été victime d'une pneumonie. Garcin
révèle qu'il a été fusillé de « douze balles dans la peau ».

La crudité de l'expression choque Estelle, qui propose
de bannir de leur conversation le mot « mort » pour le remplacer par la formule, plus élégante, d'« absence ».

Dans une chaleur étouffante, chacun raconte alors des
bribes de sa vie. Garcin évoque son métier de journaliste.
Inès était « employée des Postes ». Estelle s'occupait à des
mondanités. Leur conversation est entrecoupée de visions
qui les font assister aux faits et gestes de leurs proches
restés sur terre. Estelle voit son enterrement ; Garcin aperçoit sa femme devant la prison ou ses collègues de journal.

Tous trois finissent par se découvrir si différents qu'ils
s'interrogent sur les raisons de leur réunion en enfer : hasard ? erreur ? ou dessein délibéré ?

[Une impossible cohabitation]

(Depuis : « *Si seulement chacun de nous…* », p. 38, jusqu'à : « *… elle se tourne vers Garcin* », p. 43.)

Le seul moyen de le savoir, suggère Inès, est que chacun avoue ses fautes et dise pourquoi il est en enfer.

Jeune fille pauvre, Estelle avait épousé un vieil homme
riche, avant de devenir la maîtresse d'un homme plus
jeune. Elle n'a pas voulu divorcer parce que la fortune de
son mari lui permettait de faire soigner son frère malade.
Est-ce une faute ?

Certes, non, lui concède Garcin. Elle n'est coupable de rien. Lui n'est pas moins innocent. Directeur d'un journal pacifiste, il s'est opposé à la guerre qui venait d'éclater. On l'a exécuté parce qu'il refusait de se battre. Peut-on lui reprocher d'être héroïquement demeuré fidèle à ses principes ?

Inès dénonce violemment leur mauvaise foi. Garcin a-t-il fini de jouer au héros et Estelle à la « petite sainte » ? Il est inutile de se leurrer. S'ils sont en enfer, affirme-t-elle, c'est qu'ils sont tous trois des assassins. Voilà pourquoi ils sont damnés. À présent, il leur faut payer.

Garcin veut la frapper pour l'obliger à se taire. Inès comprend alors leur situation. Si l'enfer ne comporte pas d'instruments de torture, c'est que la souffrance y est uniquement morale. « Le bourreau, dit-elle, c'est chacun de nous pour les deux autres » (p. 42).

Pour couper court, Garcin propose que chacun s'enferme dans son silence. Estelle se remaquille. Inès entonne une chanson où il est question d'échafaud : « Dans la rue des Blancs-Manteaux… [1] »

[Comment savoir la vérité ?]

(Depuis : « *Monsieur, avez-vous un miroir ?* », p. 44, jusqu'à : « *Inès se retourne brusquement* », p. 50.)

Entre eux, le répit ne dure toutefois pas. Lesbienne[2], Inès s'attache à séduire Estelle. La voyant chercher en vain une glace pour vérifier son maquillage, Inès se propose de lui servir de miroir : son regard sera la glace. Gênée, Estelle, qui n'a d'yeux que pour Garcin, repousse les avances d'Inès. Replié sur lui-même, Garcin refuse de se mêler à la conversation des deux femmes. Humiliée par les réactions d'Estelle, Inès se venge en déclarant qu'Estelle a « une plaque rouge au bas de la joue ». Estelle sursaute : « Quelle horreur ! »

C'est faux. Mais la démonstration est faite que chacun sera désormais ce que l'autre veut qu'il soit. Comment Estelle aurait-elle su qu'elle n'a pas de rougeur au visage, si Inès ne l'avait détrompée ? Chacun devient le miroir de l'autre ; et le miroir peut désormais dire ce qu'il lui plaît.

---

1. Sur cette chanson, voir ci-dessous, p. 72.
2. Une lesbienne est une femme homosexuelle.

Comment vérifier ?

Estelle implore l'aide de Garcin qui enjoint aux deux femmes de se taire. Chacun doit oublier la présence des deux autres.

[Trois assassins]

(Depuis : « *Ah ! Oublier !* », p. 51, jusqu'à : « *Un silence* », p. 63.)

Inès juge que c'est de l'« enfantillage ». Comment oublier ? La présence de quelqu'un, même silencieuse, se sent et se devine. Autant affronter la vérité en face. Chacun doit aller jusqu'au bout de sa confession.

Exaspéré, Garcin commence le premier. Il admet avoir humilié et tourmenté sa femme jusqu'à la faire mourir de chagrin. Cinq années durant, il l'a fait souffrir, avec la bonne conscience d'un homme qui, s'imaginant être un héros, croyait pouvoir s'autoriser de petites infamies.

Inès raconte à son tour son histoire, mais sans remords ni gêne. Elle avoue trop se plaire dans la souffrance d'autrui pour éprouver la moindre honte. Inès raconte comment elle a détruit un couple heureux, en séduisant Florence, l'épouse de son cousin. Pour éliminer celui-ci, elle l'a poussé sous un tramway. Puis elle a vécu avec Florence. Au bout de six mois d'existence commune, Florence s'est levée une nuit pour ouvrir le robinet du gaz : toutes deux ont été asphyxiées.

Réticente à dire la vérité, Estelle finit sous la pression des deux autres par avouer, elle aussi, son crime. De sa liaison était né un enfant, qu'elle a noyé dans un lac sous les yeux de son amant qui en était le père. De désespoir, celui-ci s'est tiré une balle dans la tête.

Tous trois savent maintenant qu'ils sont responsables de la mort de ceux qu'ils ont aimés. Ils sont entre assassins. Leur réunion en enfer ne doit rien au hasard.

[La valse du désir]

(Depuis : « *Eh bien, Garcin ?* », p. 63, jusqu'à : « *Un temps* », p. 84.)

Garcin propose un pacte de pitié mutuelle, seul capable de rendre leur cohabitation supportable. Que chacun oublie ce qu'il a entendu. Mais Inès refuse un tel compromis, qu'elle considère trop contraire à leur situation. Elle veut aller jusqu'au bout de sa rivalité avec Garcin, en séduisant Estelle !

L'amour qu'elle lui offre ne peut toutefois consoler Estelle du mépris qui menace son souvenir sur terre et de l'infanticide qu'elle a commis. Aussi, pour se dégager, crache-t-elle au visage d'Inès.

Estelle court ensuite se réfugier dans les bras de Garcin. Sous le regard d'Inès enflammée de jalousie, tous deux jouent la comédie de l'amour. Estelle feint de croire à l'héroïsme de Garcin pour mieux l'intéresser. En contrepartie, Garcin affecte d'être convaincu par l'innocence d'Estelle.

Ce mensonge réciproque leur procurerait sans doute une certaine paix si Inès ne l'anéantissait sous ses questions et ses commentaires ironiques. Elle contraint Garcin à dire l'ultime vérité sur sa mort. Le pacifiste qu'il était ne s'est pas opposé à la guerre comme il le prétendait. Il s'est enfui de son pays. Arrêté à la frontière, il a été condamné pour désertion. Devant le peloton d'exécution, il n'a pas maîtrisé sa peur. Il est mort lâchement.

Estelle affirme s'en moquer et aimer jusqu'à la lâcheté de Garcin. Mais c'est trop tard. Le malentendu entre eux s'est installé. Ce que Garcin désirait en effet, ce n'était pas tant le corps d'Estelle que sa confiance. Il voulait qu'elle lui fasse oublier son passé de déserteur et de fuyard. Or Estelle n'a rien d'autre à lui offrir que son corps. Le malentendu devient, dans ces conditions, inévitable. L'oubli du passé s'avère impossible. L'échec de Garcin réjouit Inès.

[L'enfer...]

(Depuis : « *Vous me dégoûtez* », p. 84, jusqu'à la fin de la pièce.)

Dégoûté de sa lâcheté comme des deux femmes, Garcin supplie l'enfer de l'engloutir dans des souffrances physiques. Il frappe longtemps à la porte. La voici qui soudain s'ouvre. Mais au lieu de s'enfuir avec Estelle, Garcin décide de rester. Sa fuite ne le délivrerait pas en effet de l'accusation de lâcheté qu'Inès formule contre lui. C'est donc elle qu'il doit persuader de son héroïsme. Il lui faut demeurer avec elle.

Garcin ne parvient pas, toutefois, à convaincre Inès. Celle-ci lui rappelle que la vie d'un individu se résume à la somme de ses actes. Puisqu'il est mort, Garcin ne peut plus modifier le cours de son existence. Il reste à jamais un lâche.

Estelle nargue alors Inès en s'offrant à Garcin. Comme précédemment, celui-ci ne peut l'aimer sous le regard dénonciateur d'Inès. De rage, Estelle s'empare d'un coupe-papier, posé sur la table, pour tuer Inès. Geste absurde : assassine-t-on un mort ? Estelle reconnaît sa défaite. Tous trois sont condamnés à une insupportable lucidité sur eux-mêmes, sans possibilité de mentir ni de se mentir.

Par son refus de croire en l'héroïsme de Garcin, Inès a tout pouvoir sur ce dernier. Elle sait à jamais qu'il fut un lâche. Garcin ne peut plus réinterpréter à son avantage sa vie passée. Mais, à son tour, Garcin possède un certain pouvoir sur Inès, en se riant des tentatives qu'elle fait pour séduire Estelle. Quant à Estelle, elle a barre sur Garcin et sur Inès. Sur Garcin, puisqu'il attend d'elle une confiance aveugle qu'elle peut ou non lui accorder ; et sur Inès, qui la désire en vain. Chacun connaît les désirs et les secrets des deux autres. La situation est à jamais bloquée. Le premier qui souhaitera s'imposer sera neutralisé par les deux autres condamnés. Ils sont réduits à regarder en face leur propre et cruelle vérité.

Un atroce éclat de rire les réunit à jamais dans cette mutuelle torture morale : « L'enfer, c'est les autres. »

3 Les personnages

La pièce comporte quatre personnages. Garcin, Inès et Estelle en sont les figures principales. On ne saurait pourtant négliger le « garçon d'étage », dont le rôle, certes très secondaire, n'en est pas moins intéressant. Aucun d'eux ne se connaît avant qu'un hasard apparent les réunisse en enfer. En cherchant les raisons secrètes qui ont pu motiver leur réunion, ils vont progressivement se découvrir. Chez eux, l'être (ce qu'ils sont vraiment) ne correspond pas nécessairement au paraître.

▬▬ GARCIN

« Publiciste et homme de lettres » (p. 24) : ainsi se présente le premier des trois damnés. « Publiciste », c'est-à-dire journaliste politique, Garcin cultive de lui une image flatteuse. Écrivain engagé, mort pour ses idées pacifistes, il se croit un héros qui a tout sacrifié à son idéal. Et pour mieux le croire, il veut le faire croire aux autres. Ses actes et ses réactions prouvent le contraire. Garcin n'est qu'un lâche, qui refuse d'admettre qu'il a fait un mauvais usage de sa liberté.

Le choix de la lâcheté

● Un comportement dicté par la peur

Dès son entrée en scène, Garcin se trahit. Sa nervosité mal maîtrisée, sa colère quand il reproche au garçon de n'avoir pas de brosse à dents à sa disposition, et sa fureur lorsqu'il frappe sur les bras du fauteuil démentent l'indifférence qu'il affecte à son arrivée en enfer (scène 1). L'homme est incapable de se dominer.

Sa peur est si visible qu'Inès la remarque d'emblée. Garcin a beau nier, les tics de son visage confirment l'épouvante qui l'habite : « Vous n'avez pas le droit de m'infliger le spectacle de votre peur » (p. 26), lui dit Inès.

Tout ce que, bribe après bribe, Garcin révèle de son passé corrobore d'ailleurs sa lâcheté. Il ne s'est pas opposé à la guerre comme d'abord il le prétend (p. 40) ; il s'est enfui (p. 80). Sa fin ne fut pas héroïque comme il l'espérait. Victime d'une « défaillance corporelle » (p. 80) devant le peloton d'exécution, Garcin est mort en lâche.

● Le refus de s'assumer

Sa lâcheté ne provient ni d'un naturel peureux, ni d'un tempérament craintif, ni d'aucune disposition de caractère. Sartre ne croit en effet pas plus en l'hérédité qu'en la psychologie, qu'il considère comme des explications trop commodes. Libre, totalement libre (voir ci-dessous, p. 31), l'homme ne naît pas peureux, ni d'ailleurs courageux. Il le devient. Comme Sartre l'écrit dans *L'Existentialisme est un humanisme* : « Ce qui fait la lâcheté, c'est l'acte de renoncer ou de céder, un tempérament ce n'est pas un acte ; le lâche est défini à partir de l'acte qu'il a fait[1]. »

Or les actes de Garcin témoignent de son refus à assumer les situations dans lesquelles il s'est trouvé. Garcin a opté pour le pacifisme. Il était libre de faire ce choix comme il l'aurait été d'en faire un autre. Mais, après l'avoir fait, il devait s'y tenir une fois pour toutes. Celui qui prétend choisir sa vie, doit assumer son choix, y compris jusqu'à la mort.

La liberté telle que la conçoit Sartre s'avère donc d'une exigence redoutable. Elle appartient tout entière à l'homme, et non à Dieu. C'est la signification même du mythe des *Mouches,* où Jupiter admet que toute nécessité morale, politique ou religieuse disparaîtrait si les hommes « connaissaient le secret douloureux des Dieux et des rois : c'est que les hommes sont libres »[2].

Mais cette liberté n'est pas permission de faire n'importe quoi. De même que nos engagements et nos choix donnent un sens au monde[3] et donc à notre propre vie, de même ils définissent un type de relations avec autrui. En se construisant par ses actes, l'homme participe à la

---

1. Sartre, *L'Existentialisme est un humanisme* (Paris, Nagel, 1946, p. 60).
2. Sartre, *Les Mouches* (Gallimard, « Folio », p. 200, acte II, scène 5).
3. Selon Sartre, le monde ne possède pas de sens ni de signification *a priori* puisqu'aucun Dieu n'existe ; c'est donc à chaque homme qu'il appartient de le doter d'un sens.

construction du monde. « Quand nous disons, précisera d'ailleurs Sartre[1], que l'homme est responsable de lui-même, nous ne voulons pas dire que l'homme est responsable de sa stricte individualité, mais qu'il est responsable de tous les hommes. »

Il s'ensuit que l'acte fondateur par lequel un individu décide de justifier son existence doit prendre en compte les intérêts (moraux ou politiques) de la collectivité. Les actes ne possèdent pas tous la même valeur. A chacun, dans la situation qui est historiquement la sienne, de témoigner d'une lucidité intellectuelle suffisante pour ne pas se tromper[2].

A cette exigence première qu'implique la liberté sartrienne s'en ajoute une seconde. On ne peut changer d'actes fondateurs selon les circonstances. Une fois clairement effectué, ce choix est définitif[3]. Selon Sartre, Garcin n'était pas libre de fuir. Non seulement parce qu'il a trahi ses propres engagements, mais aussi parce qu'en fuyant il a trahi la cause (le pacifisme) qu'il incarnait. Il s'est lui-même exclu des valeurs que son libre choix avait prétendu faire siennes. Il a préféré se soumettre à la nécessité plutôt que de rester jusqu'au bout fidèle à ses idées. Peut-être aurait-il été tout de même fusillé, mais en homme mourant pour ses convictions, non comme un déserteur. Comme le lui objecte Inès, « seuls les actes décident de ce qu'on a voulu » (p. 90). Garcin a décidé de sa lâcheté. Il est consciemment devenu un peureux.

Un mauvais usage de la liberté

Garcin ne peut toutefois admettre cette vérité. Aussi témoigne-t-il d'une mauvaise foi permanente pour mieux se la masquer.

---

1. Sartre, *L'Existentialisme est un humanisme* (Paris, Nagel, 1946, p. 24).
2. Sartre admet bien que la société peut totalement aliéner la liberté d'un être et donc sa capacité d'analyse. Mais *Huis clos* n'envisage pas cette situation. Sartre le fera dans d'autres pièces comme *La Putain respectueuse*.
3. Il n'existe donc pas pour Sartre de libertés successives. Le choix, une fois posé (et à condition qu'il soit effectué en fonction de la responsabilité de l'individu à l'intérieur de la collectivité), a par la suite valeur d'engagement définitif.

• Une mauvaise foi permanente

La conscience de sa lâcheté lui est insupportable. Garcin ruse en conséquence. Il s'est construit un monde imaginaire, fait d'excuses et d'alibis. Lui-même l'avoue presque ingénument, quand il juge détestable le style du mobilier de la pièce où le « garçon » vient de l'introduire. « Après tout, dit-il, je vivais toujours dans des meubles que je n'aimais pas et des situations fausses ; j'adorais ça » (p. 14). Accepter une situation fausse, c'est se résigner à mentir et à ruser avec la vérité. Garcin l'accepte d'autant plus facilement qu'il est lui-même une situation fausse : n'affecte-t-il pas la bravoure pour se cacher sa peur ?

• Une fuite hors du réel

Il n'est pourtant pas toujours possible de mentir et de se mentir à soi-même. Garcin réagit alors violemment. Il menace Inès, lui ordonne de se taire lorsque celle-ci s'apprête à dire la vérité, à savoir qu'« on ne damne jamais les gens pour rien » (p. 40). Pour échapper aux questions de plus en plus pressantes de la jeune femme, Garcin crie, veut se faire ouvrir la porte (p. 85).

Son agressivité, verbale et physique, obéit à un désir de supprimer les obstacles, non de les surmonter. Comme s'il suffisait de crier ou de frapper pour faire qu'une vérité cesse d'être une vérité ! Le comportement de Garcin s'apparente à ce que Sartre appelle une « conduite magique » [1], c'est-à-dire la croyance illusoire qu'on peut par un tour de passe-passe modifier le réel.

• Un sadisme compensatoire[2]

Comme il ne peut admettre que, par sa tentative de fuite à l'étranger, il a trahi son idéal pacifiste, Garcin a cherché une compensation à son manque de courage. À défaut d'être un héros, il s'est affirmé sur les autres, en les faisant souffrir et en y prenant un certain plaisir. Garcin a réduit sa femme en esclavage. Il l'a trompée, ouvertement humiliée, contrainte de recevoir ses maîtresses (p. 53-54). Garcin s'est comporté en bourreau, trouvant dans la torture morale

---

1. Voir Sartre, *Esquisse d'une théorie des émotions* (Paris, Hermann, 1939, p. 43). Voir ci-dessous, p. 41.
2. Sadisme : déviation sexuelle consistant à prendre plaisir d'une cruauté infligée au partenaire.

qu'il infligeait à autrui la justification dérisoire de son existence. Il était enfin le maître.

Un personnage négatif

Le vocabulaire dont use Garcin révèle et résume à la fois sa faillite morale. Celui-ci passe en effet son temps à dire non ce qu'il est, mais ce qu'il n'est pas. La négation est son mode préféré d'expression. En voici quelques exemples :

> « Je ne suis pas le bourreau, madame » (p. 27).
> « Je ne suis pas très joli » (p. 53).
> « Je ne suis pas un petit niais et je ne danse pas le tango » (p. 73).
> « Je ne suis pas un gentilhomme et je n'aurai pas peur de cogner sur une femme » (p. 75).

Ses tics de langage sont aussi significatifs que les tics apeurés de son visage. La lâcheté l'ayant empêché de devenir le héros qu'il rêvait d'être, Garcin ne peut se définir positivement. En lui habite ce lâche qu'il veut nier et oublier. L'« enfer », c'est d'abord cet autre qu'il a été et qu'il ne reconnaît pas. Aussi s'affirme-t-il sous forme négative.

■■■■ ESTELLE

La vie d'Estelle ressemble à celle d'un personnage de mélodrame[1]. « Orpheline et pauvre » (p. 39), elle a épousé un homme âgé et riche. Socialement, son mariage l'a fait accéder à la bourgeoisie. Bénéficiant d'une vie aisée qui l'a éblouie, elle n'accorde d'importance qu'aux apparences confortables et rassurantes.

Un être superficiel

Comme Garcin, Estelle se révèle tout entière dès son entrée en scène. Tout se passe comme si son arrivée en enfer éclairait d'un seul coup sa personnalité. Celle-ci se définit par son inconsistance et par sa fausse morale.

---

1. Un mélodrame est une œuvre de théâtre mettant en scène des personnages simples, des sentiments violents, avec une volonté d'apitoyer le spectateur.

● Une jeune femme inconsistante

Estelle refuse d'emblée d'affronter la situation infernale qui est désormais la sienne. Sa coquetterie en apporte une première preuve. La couleur des canapés (p. 28) et la perfection de son maquillage (p. 45) la préoccupent davantage que sa situation. Ses précautions verbales témoignent de sa frivolité. Ne préconise-t-elle pas l'emploi, pour plus de correction, pour plus de précaution, du mot « absent » au lieu de « mort » (p. 31) ? Comme si « mort » était une grossièreté indécente entre gens bien élevés ! Ses caprices montrent enfin qu'elle entend vivre en « enfer » comme elle a vécu sur terre, c'est-à-dire sans réfléchir ni mesurer la responsabilité de ses actes : « Je ne peux pas supporter qu'on attende quelque chose de moi. Ça me donne tout de suite envie de faire le contraire » (p. 37).

Aussi est-elle sans épaisseur ni vie intérieure. « Tout ce qui se passe dans les têtes est si vague, ça m'endort » (p. 44). Sans caractère ni volonté, elle est sans conscience. Son nom suggère sa superficialité : Estelle peut s'écrire : « Est-elle ? ».

● Une fausse morale

Du même coup, elle ne se sent ni coupable ni responsable de quoi que ce soit. Tout s'explique par la force des choses. La nécessité a commandé son mariage : « J'étais orpheline et pauvre, j'élevais mon frère cadet. Un vieil ami de mon père m'a demandé ma main. Il était riche et bon, j'ai accepté » (p. 39). Le coup de foudre, lui-même présenté comme une fatalité, justifie son adultère : « Il y a deux ans, j'ai rencontré celui que je devais aimer. Nous nous sommes reconnus tout de suite » (p. 39).

Qu'elle fût libre de ne pas se marier puis de divorcer, Estelle n'y songe pas un instant. Elle place sa vie sous le signe d'un déterminisme, qu'elle colore de surcroît à son avantage. N'explique-t-elle pas qu'elle a sacrifié sa « jeunesse à un vieillard », qu'elle a soigné son frère malade (p. 39) ?

Aussi ne se sent-elle responsable de rien. Pas même de l'infanticide qu'elle a commis, ni du suicide de son amant. Sa logique est aussi implacable qu'immorale. Puisqu'elle ne voulait pas divorcer, il convenait de cacher l'enfant né de sa liaison. De le cacher à le faire disparaître, la nuance est mince pour Estelle. À ses yeux, la faute ne réside pas dans l'acte qui l'instaure mais dans le scandale qu'elle provoque. Or, précise-t-elle, «personne n'a rien su» (p. 61). Le suicide de son amant était donc stupide, puisque son «mari ne s'est jamais douté de rien» (p. 62).

Estelle évolue dans un monde fondé sur la seule valeur de l'apparence. Il s'agit de faire «comme si...». Comme si elle n'était pas coupable. Comme si elle ne se trouvait pas en enfer. «Est-ce qu'il ne vaut pas mieux croire que nous sommes là par erreur?» (p. 39), dit-elle d'ailleurs. L'imagination est son refuge.

Du défi à l'échec

Cette «mauvaise foi» fait la force et la faiblesse d'Estelle. Elle constitue sa force parce que cela lui permet d'échapper (momentanément) aux conséquences de ses actes et de vivre dans une absolue quiétude. Mais elle fait aussi sa faiblesse parce qu'il faut que les autres acceptent à leur tour de faire comme si... Sans quoi, le refuge d'Estelle s'écroule. Elle met donc tout en œuvre pour que les autres jouent son jeu.

● L'impossible complicité avec Garcin

Estelle tente d'abord de convaincre Garcin, en recourant aux registres de la séduction. Elle l'aguiche par ses invitations : «Tu verras comme je serai gentille» (p. 71). Elle lui promet une totale soumission : «Je m'assiérai sur ton canapé. J'attendrai que tu t'occupes de moi» (p. 73). Elle provoque son désir : «Je me déshabillais bien devant ma femme de chambre» (p. 75). Elle le défie enfin : «J'aime les hommes, Garcin, les vrais hommes, à la peau rude, aux mains fortes» (p. 83).

Son échec provient de la nature même du pacte qu'elle propose à Garcin. Ce pacte repose sur un échange de mensonges. Pour le séduire, elle feindra de croire qu'il est un héros. Pour l'obtenir, il feindra de croire qu'elle n'est pas criminelle. Mais Garcin a moins besoin de mensonges que de certitudes. Il veut que ses compagnons d'enfer soient sincèrement convaincus de son héroïsme. Or, de sincérité, Estelle est doublement incapable : d'une part, parce qu'elle a toujours vécu dans le monde superficiel des apparences ; d'autre part, parce qu'il lui est indifférent que Garcin ait été courageux ou non.

Estelle l'avoue d'ailleurs naïvement à Inès qui lui demande si elle aime les « lâches » : « Si tu savais comme ça m'est égal, répond-elle. Lâche ou non, pourvu qu'il embrasse bien » (p. 80). Aucune entente n'est donc possible entre elle et Garcin. Estelle aspire à un réconfort physique, Garcin cherche un réconfort moral. Estelle est victime de sa propre inconsistance.

• L'ennemie d'Inès

Vis-à-vis d'Inès, Estelle adopte une attitude plus radicale. Entre elles, aucune entente n'est en effet envisageable. Estelle n'est pas lesbienne. Ne pouvant séduire Inès pour s'en faire une complice ou une alliée, Estelle tente tout simplement de la tuer par deux fois (p. 92 et 94). Mais on ne tue pas quelqu'un qui est déjà mort.

La vérité en face

Ne reste à Estelle qu'à haïr. Haïr Garcin qui lui refuse son aide. Haïr Inès qui lui rappelle sans cesse ses crimes. Sa haine s'avère toutefois sans effet, parce qu'elle ne change rien à sa situation. Pour la première fois de son existence, Estelle est face à elle-même sans pouvoir se réfugier dans l'imaginaire ni supprimer les obstacles. La voici obligée de vivre « pour toujours » (p. 94) avec la pensée de ses meurtres. Le réel qu'elle a fui durant son existence la rattrape en enfer. Aucune échappatoire n'est désormais possible. La présence des deux autres qui, eux, savent, ne lui offre plus les moyens de faire « comme si... ».

▄▄▄▄ INÈS

Contrairement à Garcin et à Estelle, Inès se tait en entrant en enfer. Sa damnation lui paraît logique : : « J'étais ce qu'ils appellent, là-bas, une femme damnée. Déjà damnée, n'est-ce pas. Alors, il n'y a pas eu de grosses surprises » (p. 55). À l'époque où Sartre écrit *Huis clos*, l'homosexualité féminine suscite le scandale et la réprobation. Inès a vécu sa sexualité sous le poids de cette condamnation sociale et morale. Elle en a pris en quelque sorte son parti. Condamnée de son vivant, elle ne s'étonne donc pas d'être damnée après sa mort. Inès assume son passé.

C'est une lesbienne lucide, en apparence invulnérable et, pourtant, fragile et souffrante.

Une lesbienne lucide, d'apparence invulnérable

Inès contemple d'emblée la situation. Son refus des alibis provient de son indifférence au passé et de son absolue clairvoyance.

● Le refus des alibis

Inès ne se cherche pas d'excuse. Elle ne se réfugie ni dans le mensonge héroïque comme Garcin, ni dans le miroir des apparences comme Estelle. Elle a tué le mari de Florence et poussé celle-ci au suicide. Inès admet ses fautes et son châtiment. « En enfer, dit-elle, il n'y a jamais d'erreur et on ne damne jamais les gens pour rien » (p. 40).

Inès ne se complaît pas davantage dans une image embellie d'elle-même. Elle se reconnaît « méchante » (p. 57). Elle se définit comme une femme « sèche » qui ne peut « ni recevoir ni donner » (p. 65). Elle s'avoue sans « bonne volonté », c'est-à-dire sans désir de bien faire. « Où voulez-vous que j'en prenne ? Je suis pourrie » (p. 64). Inès se connaît, et elle s'accepte telle qu'elle est, comme si elle prenait plaisir à souligner sa monstruosité. Ne va-t-elle pas jusqu'à déclarer qu'elle a « besoin de la souffrance des autres pour exister » (p. 57) ? C'est la définition même du sadisme[1]. Dans les souffrances d'autrui, elle trouve une ivresse qui fait d'elle un personnage totalement infernal.

Face à Garcin et à Estelle qui cherchent dans l'imaginaire une compensation à leur existence, Inès se veut lucide et objective.

● L'indifférence au passé

Aussi ne cultive-t-elle aucun regret ni remords. De son passé, elle n'imagine pas qu'il aurait pu être différent. « Elle est en ordre, ma vie, dit-elle. Tout à fait en ordre. Elle s'est mise en ordre d'elle-même, là-bas, je n'ai pas besoin de m'en préoccuper » (p. 33). « En ordre », c'est-à-dire logique, cohérente. Sa trajectoire est rectiligne. Inès en éprouve une

---

1. Sadisme : voir ci-dessus, p. 22, note 2.

satisfaction, qui n'est pas exempte d'une jouissance mauvaise : « Nous avons eu notre heure de plaisir, n'est-ce pas ? [...] À présent, il faut payer » (p. 41). Rien n'est plus normal à ses yeux.

Détachée de son passé, Inès l'est tout autant de celui des autres. De Florence qu'elle a aimée, dont elle a détruit le couple, elle précise qu'elle ne « la regrette pas ». C'était « une petite sotte » (p. 23). Elle généralise même son propos : « Il y a des gens qui ont souffert pour nous jusqu'à la mort et cela nous amusait beaucoup » (p. 41). C'est ce qui la fait consentir à sa damnation.

● Une clairvoyance absolue

Cette authenticité permet à Inès de percer à jour la mauvaise foi de Garcin et d'Estelle. Sans elle, tous deux pourraient se mentir et oublier qu'ils sont en enfer. Sa terrible lucidité les en empêche. « Pour qui jouez-vous la comédie ? Nous sommes entre nous [...]. Entre assassins » (p. 40). Inès découvre aussi la première la mécanique infernale qui explique à jamais leur réunion. « Le bourreau, c'est chacun de nous pour les deux autres » (p. 42).

Tous ces aspects de la personnalité d'Inès, qui sont l'exact contraire de celle de Garcin et d'Estelle, devraient en théorie la rendre invulnérable. De quoi peut-on bien en effet souffrir quand on n'a ni regret ni peur et que l'on accepte par avance sa situation ?

Une femme fragile et souffrante

Inès connaît ses faiblesses. Si elle se dépeint comme « une torche dans les cœurs » [1], elle ajoute : « Quand je suis toute seule, je m'éteins » (p. 57). C'est avouer que seule elle n'est rien.

● Un désir infernal

De par sa nature de lesbienne, Inès est victime de son désir qui, soit est impossible, soit lui rend insupportable toute idée d'amour hétérosexuel.

---

1. La formule fait image. Inès veut par là signifier qu'elle aime à faire souffrir les autres. Elle les brûle. Traditionnellement, l'enfer est associé au feu, source des plus vives souffrances. Inès, en usant de cette image, résume sa méchanceté.

De ce fait, son « enfer » consiste à désirer Estelle sans jamais pouvoir la posséder. Ce n'est pourtant pas faute d'essayer. « C'est toi qui me feras du mal, dit-elle à Estelle. Mais qu'est-ce que ça peut faire. Puisqu'il faut souffrir, autant que ce soit par toi » (p. 45). De même, ce qu'elle voit du monde terrestre[1] et d'un couple prêt à s'enlacer la révolte (p. 63). Bien que l'union d'Estelle et de Garcin ne se produise pas, l'idée qu'elle pourrait se consommer la dégoûte. Son « enfer » est ce désir sans fin excité par la présence d'Estelle et sans fin inassouvi. Une tension permanente l'habite, qui, par hypothèse, ne prendra jamais fin, puisque la damnation est éternelle. Inès ne peut qu'en souffrir. La « méchanceté » dont elle se vante est la compensation de sa souffrance. Résignée à « payer », Inès éprouve une joie mauvaise à constater qu'elle n'est pas la seule à souffrir : « Damnée, la petite sainte. Damné, le héros sans reproche » (p. 41).

● La honte et le mépris

Inès vit en outre dans le mépris de soi. Elle sait qu'en tentant de séduire Estelle, elle va au-devant du dédain de la jeune femme. Estelle lui crachera d'ailleurs au visage. Mais de ce mépris, Inès a besoin pour se sentir exister. Sans lui, elle n'existe pas en tant que lesbienne. Paradoxalement, il fait partie de son plaisir. Il nourrit à la fois sa honte, ses blessures et sa jouissance. Le sadisme devient alors masochisme[2].

La honte d'Inès, honte d'être soi et honte d'être méprisée dans le regard d'autrui, vaut en définitive la lâcheté de Garcin. C'est pourquoi celui-ci refuse de s'enfuir quand s'ouvre miraculeusement la porte de l'enfer. S'il s'enfuyait, même très loin d'Inès, Garcin ne pourrait jamais oublier qu'Inès a deviné qu'il est un lâche. Elle en a d'autant plus la conviction que tous deux se ressemblent sur ce point. « Tu sais ce que c'est que le mal, la honte, la peur » (p. 88), lui dit Garcin. Inès ne proteste pas. Elle acquiesce d'un simple « oui », qui vaut toutes les explications. Comme

---

1. Cette possibilité qu'ont les personnages d'observer le monde des vivants relève du fantastique. Sur l'analyse détaillée de cette notion, voir ci-dessous, p. 46.
2. Masochisme : plaisir d'une cruauté subie.

Garcin ne peut échapper à sa lâcheté, Inès ne peut se déli-
vrer de son « mal ». Elle se venge des autres et de soi par
la lucidité et la cruauté.

■■■■ LE « GARÇON D'ÉTAGE »

Le « garçon d'étage » possède un rôle quantitativement
des plus minces. Cantonné dans les scènes d'introduction
des personnages (scènes 1, 3 et 4), il disparaît dès que le
trio est réuni.

Une fonction utilitaire

Sa fonction est d'abord utilitaire. C'est par lui que l'on
apprend à quoi ressemble l'enfer. Il s'agit d'une sorte de
grand hôtel international où viennent « des Chinois, des
Hindous » (p. 14). Toutes les chambres sont fonctionnelles
et identiques. Il évoque « la direction », les « clients », les
avantages du lieu : « Nous avons l'électricité à discrétion »
(p. 19). Ce « garçon d'étage » se comporte en groom stylé
d'un hôtel de renom.

Un insolent malgré lui

Ses propos sont parfois empreints d'une amusante
spontanéité. « Comment pouvez-vous croire ces âneries »
(p. 14), réplique-t-il à Garcin qui s'étonne de ne pas voir
d'instrument de torture. Il ne peut aussi s'empêcher de
juger le comportement de ses « clients ». Garcin s'irrite-t-il
de ne posséder de brosse à dents ? « Et voilà, commente
le garçon. Voilà la dignité humaine qui vous revient » (p. 15).
De même, il demande à Garcin de « réfléchir » à la bêtise
de ses propos, « pour l'amour de Dieu » (p. 16). L'expression
résonne bizarrement puisque l'on est en enfer.
L'insolence perce ainsi dans les réactions du « garçon ».
Non par volonté de choquer ou de blesser, mais par indi-
gnation et spontanéité. Elle tient sans nul doute à la jeunesse du « garçon », bien que Sartre ne précise pas l'âge
de son personnage. Ce dernier introduit une note humoristique dans l'univers tragique par excellence qu'est l'enfer.

4 Soi et les autres

Huis clos soulève le problème fondamental du rapport de l'individu à autrui. La question commande non seulement le sens, mais la structure de la pièce. Pour bien la saisir, il convient toutefois de rappeler quelques notions essentielles de la philosophie sartrienne, indispensables à la compréhension du texte.

L'idée que Sartre se fait de la condition humaine est en effet inséparable de la conception de l'« enfer » que la pièce véhicule.

■■■■■ LA CONDITION HUMAINE SELON SARTRE

Qu'est-ce qu'un homme ? Sa conscience, répond Sartre. Comprenons : la faculté que possède l'homme de se penser et de penser le monde. L'objet, lui (une pierre, une table, par exemple), n'en dispose pas : il ne sait pas qu'il existe, il ignore ce qui l'entoure, il est enfermé en lui-même. Il est « en-soi », traduit Sartre. L'homme dispose donc d'un statut particulier et unique : il est capable de réflexion.

Le devoir de liberté

Ce statut impose à l'homme des responsabilités. La première de toutes est d'user de sa liberté. Penser le monde signifie en effet le juger ; et juger implique de poser des critères et de faire des choix. Rien ni personne ne les établira à sa place : ni Dieu auquel Sartre ne croit pas, ni une quelconque fatalité. Choisir est le privilège de ce sujet pensant qu'est l'homme.

En même temps qu'il juge le monde, l'homme se définit. Par ses choix, il élabore un système de valeurs. Il y adhère. Son action précise sa morale et dit qui il est. Malgré tous les alibis qu'il se donne, Garcin reste ainsi celui qui a fui. Il est à jamais compris dans cet acte.

L'homme ne saura évidemment jamais à l'avance le bien-fondé de son choix et de ses actes. Aussi est-il libre et angoissé. « Sa responsabilité lui apparaît d'autant plus nette qu'elle n'a plus rien qui la guide et qu'elle devient inquiète[1]. » L'angoisse est inhérente au choix.

Comme le montre toutefois *Huis clos*, on ne peut s'y soustraire sans risque : les personnages sont damnés pour n'avoir pas osé assumer la liberté que leur imposait leur situation d'homme. Dans son essai intitulé *L'Existentialisme est un humanisme*, Sartre écrit : « L'homme n'est rien d'autre que son projet, il n'existe que dans la mesure où il se réalise, il n'est donc rien d'autre que l'ensemble de ses actes, rien d'autre que sa vie[2]. » Il est significatif que la phrase se retrouve presque mot pour mot dans la bouche d'Inès : « Seuls les actes décident de ce qu'on a voulu. [...] Tu n'es rien d'autre que ta vie » (p. 90).

Liberté et responsabilité : telles sont les formules clés de la pensée de Sartre. *Huis clos* expose le revers de la médaille, avec ses personnages lâches et veules, condamnables et condamnés.

« Pour-soi » et « pour-autrui »

Si l'homme était et vivait seul au monde, tout serait simple. Nul ne le contredirait. L'homme pourrait penser ce qu'il veut et agir à sa guise. Il serait une subjectivité pure : tout dépendrait de ses sentiments et réactions. Il n'aurait aucun compte à rendre, ni vis-à-vis de lui-même, ni vis-à-vis d'autrui. Il serait, commente Sartre, un « pour-soi » absolu.

Mais cette hypothèse présente deux inconvénients majeurs. D'abord, elle n'est pas réaliste. L'homme n'est pas seul : il vit avec et au milieu d'autres hommes. C'est de l'ordre de l'évidence. Ensuite, à supposer même que cette hypothèse soit réalisable, elle ne permettrait pas à l'homme de se connaître complètement. Qui lui apporterait la confirmation que ce qu'il sent, pense ou fait, est bien ou mal ? Personne, puisque par définition il serait seul. Qui lui garantirait que ce qu'il pense de lui est vrai ?

---

1. R. M. Albérès, *Sartre* (Éditions. universitaires, 1964, p. 7).
2. *L'Existentialisme est un humanisme* (Paris, Nagel, 1946, p. 55).

En termes plus généraux, l'homme construit lui-même le sens de son existence. Celle-ci ne peut dès lors s'apprécier qu'en fonction de ce sens qu'il a préalablement établi et posé[1].

Par intérêt ou par ignorance, on peut certes refuser d'exercer sa liberté, donc sa responsabilité. Dans la terminologie sartrienne, on devient alors un « salaud » ou un « lâche ». Car on nie ce qui fait l'originalité et la spécificité de la condition humaine : la conscience.

Mais si ne pas choisir est répréhensible aux yeux de Sartre, mal choisir l'est également. L'homme ne vit pas en effet seul. Il appartient à une collectivité. Son choix doit prendre en compte les intérêts de cette collectivité (sa plus ou moins grande liberté, par exemple). Ce n'est pas la même chose d'avoir vingt ans dans un pays en guerre ou en paix, prospère ou en voie de développement. Les « situations » (historiques, politiques…) ne sont pas identiques. Les choix ne peuvent donc partout être les mêmes. Leur validité dépendra et résultera des bienfaits qu'en tirera la collectivité. Tant qu'il n'est pas en face de ses actes, Garcin peut, par exemple, se mouvoir dans son illusion héroïque.

Le « pour-soi » comporte donc l'inconvénient de toujours se donner une bonne conscience. Il suffit de ruser avec le langage, de croire à ses propres mensonges, d'avoir une mémoire sélective. Estelle s'est ainsi longtemps prise pour une victime jusqu'à ce que s'écroule son rêve d'innocence sous la pression conjuguée d'Inès et de Garcin. De menue tricherie en reconstruction avantageuse du passé, le « pour-soi » s'arrange avec lui-même. Il peut aboutir à ce que Sartre appelle la « mauvaise foi ».

Pour vraiment se connaître et pour avoir une image objective de soi, l'homme (le « pour-soi ») est donc obligé d'avoir recours à autrui, à ce que les autres pensent de lui, à l'idée qu'ils se font de lui. C'est le « pour-autrui ».

Le conflit du « pour-soi » et du « pour-autrui »

Ce recours à autrui engendre toutefois un conflit inéluctable. Si je juge l'autre, l'autre en effet me juge en retour.

1. Voir aussi ci-dessous, p. 59 et 60.

Il fait de moi son objet, comme je fais de lui mon objet. Tout individu se trouve ainsi dans une situation radicalement inconfortable. Il est simultanément un objet pensant et un objet pensé (par autrui).

Or personne ne peut accepter d'être réduit à l'état d'objet. Ni Garcin ni Estelle ne supportent le regard qu'Inès porte sur eux. Mais personne ne peut non plus se passer des regards d'autrui sur soi. Un cycle infernal se forme. Le rapport entre les consciences est fondé sur un conflit permanent.

L'image enfin que l'autre a de moi et dont je ne peux me passer ne correspond pas obligatoirement à celle que je me fais de moi. Cette image qui m'est renvoyée varie de plus selon celui qui la renvoie. La véritable image, personne ne peut l'avoir, et certainement pas tel autre, plutôt que tel autre. Autrui détient ma vérité, mais seulement une partie de ma vérité. Le piège est proprement tragique. Il est impossible d'y échapper puisqu'il tient à la condition même de l'homme, qui le fait sujet pensant au milieu d'une infinité de sujets pensants.

▬▬▬ « L'ENFER, C'EST LES AUTRES »

On comprend dans ces conditions qu'Inès s'exclame : « L'enfer, c'est les autres » (p. 93). Cette formule, vite devenue la plus célèbre de *Huis clos*, ne doit pourtant pas prêter à confusion.

Ce que la formule ne signifie pas

L'intention de Sartre n'a jamais été de nier la possibilité d'une coexistence plus ou moins paisible entre les individus. Lui-même déclara, en 1965, à l'occasion d'un enregistrement de *Huis clos* par la Deutsche Grammophon : « Si les rapports avec autrui sont tendus, viciés, alors l'autre ne peut être que l'enfer. » Comprenons : lorsqu'ils sont fondés sur le mensonge et sur le refus d'assumer ses choix, les rapports avec les autres deviennent nécessairement difficiles. Certes, comme on vient de le voir ci-dessus (p. 33), autrui représente toujours un obstacle et une source potentielle de conflit. Mais la difficulté des rapports avec

autrui n'atteint pas nécessairement l'intensité d'un supplice, ni ne prend obligatoirement la forme d'un enfer.

Un « enfer » pour les gens de « mauvaise foi »

S'il en va différemment dans *Huis clos*, c'est que les
trois personnages sont chacun à leur manière de « mauvaise foi », c'est-à-dire que, de fausse excuse en échappatoire, ils refusent de voir la vérité en face. Garcin est un
lâche qui veut se faire passer pour un héros. Estelle est
une infanticide qui se pose en victime de l'existence. Inès,
bien qu'elle prétende le contraire, ne peut dissimuler
qu'elle vit son homosexualité dans la souffrance (p. 45).
La tension de leurs rapports perpétue et reproduit la mauvaise qualité des relations qu'ils ont entretenues avec les
autres quand ils étaient vivants.

Or la « mauvaise foi » ne peut durer dans l'univers du
huis clos. Impossible en effet d'ignorer l'autre. Le « pour-
soi » se heurte à chaque instant au « pour-autrui ».
Mensonges et illusions ne peuvent résister au regard
lucide d'autrui.

Le nombre des personnages réduit en outre à néant
toute chance d'entente ou d'alliance, même temporaire,
même fondée sur une communauté d'intérêts. À deux ou
à quatre, des couples pourraient (au moins en théorie) se
constituer. À trois, ce n'est pas possible : il y aura toujours
un exclu qui, de dépit, empêchera les deux autres de se
mentir.

L'homosexualité d'Inès complique de surcroît la situation. Elle la rend rivale de Garcin auprès d'Estelle qui,
n'étant pas lesbienne de son côté, devient l'ennemie
d'Inès. Aucun couple n'est mathématiquement possible.
Dans ces conditions, l'« enfer » ne peut être que les
« autres ». Ils détruisent jusqu'à la dernière illusion, jusqu'à
la moindre forme de « mauvaise foi ». Seules subsistent la
lucidité et une vérité que le trio est à jamais condamné à
regarder en face : leur vie a été un échec.

5 Le jeu du miroir et du regard

Le miroir occupe une place essentielle dans *Huis clos*. Voilà qui peut de prime abord étonner puisque la chambre dans laquelle sont enfermés les trois damnés ne comporte précisément aucun miroir. À quoi d'ailleurs leur servirait-il ? Par définition, les objets de la vie courante n'ont plus lieu d'être, en enfer.

Les personnages de la pièce parlent pourtant constamment des miroirs, comme s'ils étaient obsédés par la nécessité de se regarder dans une glace. Ce miroir peut être l'objet matériel lui-même ou ce qui peut le remplacer : le regard de l'autre. Mais le résultat demeure identique. Chacun cherche à se voir.

Par ce biais, Sartre aborde le thème de l'être et du paraître, et il en analyse les conséquences sur le plan des relations amoureuses.

■■■■■ L'OBSESSION DU MIROIR

Avant de s'interroger sur la signification du miroir, il convient toutefois d'en mesurer l'ampleur. Celle-ci est rendue de deux façons : négativement, quand les personnages déplorent de ne pas en disposer ; et positivement, lorsqu'ils tentent de s'apercevoir dans les yeux de l'autre.

L'insupportable absence de miroir

Chacun des personnages ressent douloureusement l'absence de tout miroir. Garcin trouve « assommant » qu'ils aient « ôté tout ce qui pouvait ressembler à une glace » (p. 24-25). De son vivant, Estelle multipliait les glaces dans sa maison. « Quand je parlais, je m'arrangeais pour qu'il y en ait une où je puisse me regarder. Je parlais, je me voyais parler. Je me voyais comme les gens me voyaient,

ça me tenait éveillée » (p. 45). Aussi juge-t-elle « ennuyeux »
de ne plus désormais en disposer (p. 44).

Quant à Inès, si elle ne regrette pas l'absence de miroir,
elle fait plusieurs fois allusion à sa propre image. Dès son
entrée en enfer, elle accepte sans sourciller sa damnation
parce que, sur terre, elle se savait déjà coupable. Et elle
précise : « Je sais ce que je dis. Je me suis regardée dans
la glace » (p. 24). Se sentant, comme elle le dit, « toujours
de l'intérieur » (p. 44), elle n'a plus besoin de se voir pour
savoir qui elle est et comment elle est. Mais Inès ne s'en
définit pas moins par rapport au thème du miroir.

Le regard de l'autre, substitut du miroir

À défaut de pouvoir se contempler dans une glace, chacun
des trois damnés dispose du regard des deux autres pour
s'y observer. Ce qu'on pourrait appeler le deuxième mouvement de la scène 5 (de la p. 44 à la p. 50) est construit sur
ce jeu du regard-miroir.

Désirant vérifier son maquillage, Estelle demande à
Garcin s'il n'a pas une « glace de poche ». Celui-ci, précise
la didascalie[1] (p. 44), « demeure la tête dans ses mains
sans répondre ». Inès, au contraire, se propose spontané-
ment de servir de miroir à Estelle. Elle lui dira ce qu'il lui
plaira d'entendre (p. 47-48).

▬▬ L'ÊTRE ET LE PARAÎTRE

De l'objet ou du visage qu'il reflète, le miroir renvoie une
image. Mais cette image renseigne-t-elle complètement
sur cet objet ou ce visage ? On peut en douter. L'image
peut déformer, grossir, bref se révéler incomplète ou trom-
peuse. Par extension, l'image qu'un individu donne de lui
correspond rarement à l'idée qu'il se fait de lui. Le paraître
coïncide difficilement avec l'être. Ce sont ces rapports
complexes entre les apparences et le réel que pose, dans
Huis clos, le jeu du miroir et du regard.

---

1. Une didascalie est une indication donnée par le dramaturge sur
la mise en scène ou le jeu des acteurs.

Le miroir ou le regard sur soi

Le regard que nous jetons dans notre miroir nous permet de prendre conscience de notre situation dans le monde, mais en partie seulement.

Nous voyons en effet, et nous nous voyons. Nous sommes sujet regardant et objet regardé. Nous saisissons en un clin d'œil notre dualité de « pour-soi » et de « pour-autrui » (voir ci-dessus, p. 32). En ce sens, le regard sur soi offre l'avantage de comprendre la spécificité de notre condition humaine. Mais c'est un avantage précaire et limité.

Le miroir peut en effet rassurer, du moins dans un premier temps. C'est ce qu'a toujours éprouvé Estelle. « Mon image, dans les glaces, dit-elle, était apprivoisée. Je la connaissais si bien » (p. 48). Le miroir lui fournissait la preuve (en apparence) objective de son existence. Elle se voyait. Elle était à la fois celle qui regardait et qui était regardée. On se souvient que, dans le système philosophique de Sartre, l'individu, pour avoir une idée objective de soi, est obligé d'avoir recours à autrui[1]. Le miroir remplit donc la même fonction que le « pour-autrui ». Il permet d'être vu.

Mais le miroir n'est en réalité qu'un pseudo « pour-autrui ». Le « pour-autrui » véritable possède une volonté, un désir, un jugement qui sont indépendants de moi et autonomes. Les autres me regardent et je ne suis jamais complètement maître du regard qu'ils portent sur moi. Tel n'est pas le cas du miroir : il me renvoie l'image que je souhaite. Je peux la modifier à ma guise, alors que je n'ai pas le pouvoir de changer à mon gré l'image que les autres ont de moi. C'est qu'ils possèdent une conscience, et que le miroir n'en est pas doué.

En « apprivoisant » son image dans les glaces, Estelle réagissait donc comme si c'était un simple « pour-soi[2] » qui n'aurait de compte à rendre à personne et qui ne tiendrait compte de personne. Ainsi se confirme non sa coquetterie, mais sa superficialité. Elle se complaisait dans un éternel paraître. Estelle l'avoue d'ailleurs presque naïvement : « Quand je ne me vois pas, j'ai beau me tâter, je me demande si

---

1. Pour plus de détails sur le « pour-autrui », voir ci-dessus, p. 33.
2. Pour plus de détails sur le « pour-soi », voir ci-dessus, p. 32.

j'existe pour de vrai » (p. 44). Le regard sur soi témoigne de la sorte d'une conscience qui n'a pas voulu s'affirmer.

Le regard de l'autre ou le miroir dangereux

Sans miroir, en revanche, nous devenons, tels les personnages de *Huis clos*, l'objet du regard d'autrui. Mais ce miroir-là peut nous déformer à volonté. C'est d'ailleurs ce que fait le regard d'Inès ; elle fait d'Estelle ce qu'elle veut : « Là ! là ! Je suis le miroir aux alouettes ; ma petite alouette, je te tiens ! [...] Hein ? Si le miroir se mettait à mentir ? Ou si je fermais les yeux, si je refusais de te regarder, que ferais-tu de toute cette beauté ? » (p. 48).

Le regard de l'autre, c'est sa liberté, mais c'est une liberté qui m'est étrangère, qui me possède et dans laquelle je ne me reconnais pas forcément. Sous le regard d'autrui, je ne puis être objet et sujet à la fois, comme le miroir m'en donne l'illusion. Si je fais de l'autre mon objet en le regardant, il en fait autant de moi. Ainsi se retrouve, par le biais du miroir, l'inéluctable conflit entre le « pour-soi » et le « pour-autrui ».

■■■■■ LA REMISE EN QUESTION DE L'AMOUR

Force est d'observer que Sartre orchestre ce jeu du regard et du miroir dans une scène de rencontre amoureuse. Sous ce jeu, cette scène se transforme tout à la fois en parodie et dramatisation d'une tentative de séduction.

Une parodie de rencontre amoureuse

Inès n'accepte de servir de miroir à Estelle que dans la mesure où elle espère la séduire. Mais toute la scène se déroule en porte à faux.

Dès l'origine, d'abord. C'est de Garcin, non d'Inès, qu'Estelle sollicitait un miroir. La scène amoureuse attendue entre Estelle et Garcin n'a pas lieu. Inès la remplace, sinon dans l'indifférence, du moins avec le consentement tacite de celui-ci.

Le dialogue entre les deux femmes prend ensuite des accents humoristiques et cruels. « Aucun miroir ne sera plus fidèle », dit Inès à Estelle (p. 46) quand elle lui propose de se regarder dans ses yeux. Dans le contexte infernal où se trouvent les deux femmes, la phrase relève d'un humour cinglant, même s'il est peut-être involontaire. Comment une lesbienne pourrait-elle être infidèle au seul objet possible de son désir ? En enfer, Estelle est sans rivale !

Cette rencontre amoureuse se passe enfin en présence d'un tiers (Garcin) qui s'obstine à demeurer silencieux et immobile, malgré les appels répétés d'Estelle (p. 46-49).

Tout est donc parodie, mais parodie grave en définitive. L'enfer est le lieu où tout amour, où toute forme d'amour est impossible.

Une dramatisation de la rencontre amoureuse

Pour Inès, cette impossibilité de l'amour se change en souffrance délibérément acceptée. En devenant le miroir d'Estelle, elle pressent à l'avance son échec : « C'est toi qui me feras du mal. Mais qu'est-ce que ça peut faire ? Puisqu'il faut souffrir, autant que ce soit par toi » (p. 45-46). Dans l'espoir de séduire Estelle, elle se résigne à n'être que le reflet d'Estelle, à être symboliquement son miroir. Elle accepte d'être un « objet » afin de mieux plaire. Pour assouvir ses désirs homosexuels, elle renonce à être regardée pour n'être plus que regardante. Déçue dans ses désirs, elle est niée. Inès évolue dans un cercle véritablement infernal.

Dans le théâtre de Sartre en général, l'amour n'est que négation (ou malentendu entre Estelle et Garcin). Le conflit du « pour-soi » et du « pour-autrui » rend à jamais illusoire la passion amoureuse. Garcin et Estelle en apportent la démonstration. Tous deux veulent s'aimer, tenter de vivre dans l'illusion. Mais sous le regard d'Inès, ils ne peuvent plus se mentir sur la véritable nature de l'autre. Comme l'écrit Sartre dans L'Être et le Néant : « Il suffit que les amants soient regardés ensemble par un tiers pour que chacun éprouve l'objectivation[1], non seulement de soi-même, mais de l'autre[2]. »

---

1. Objectivation : opération qui aboutit à réduire l'autre à un « objet », à un « pour-soi ».
2. L'Être et le Néant (1943, Gallimard, p. 444).

6 Rôle et signification des émotions

Les relations avec autrui constituent le sujet même de *Huis clos* (voir ci-dessus, p. 31). Dans ces relations, le langage joue un rôle primordial, mais non unique. Intervient également une autre forme de langage que l'on appelle paraverbal et qui réside dans la manifestation des émotions. Pleurer, frapper, s'attendrir sont aussi des façons de s'exprimer et d'entretenir avec autrui un certain type de relations.

Or, dans l'un de ses traités philosophiques, *Esquisse d'une théorie des émotions* (1938), Sartre a élaboré une interprétation de la subjectivité[1] des individus. Ses œuvres romanesques et théâtrales l'ont par la suite constamment illustrée. Aussi convient-il de s'interroger sur les réactions émotionnelles des trois damnés de *Huis clos* et, pour mieux les comprendre, de rappeler la conception sartrienne de la subjectivité.

■■■■ LES ÉMOTIONS SEULES RÉVÉLATRICES DE L'INDIVIDU

La conviction selon laquelle l'individu n'existe que dans son rapport au monde conduit Sartre à rejeter les schémas traditionnels de la psychologie et à voir dans les émotions une caractéristique majeure de la conscience.

Le rejet de la psychologie

Qu'est-ce que la conscience ? Comment la comprendre et l'analyser ? Tel est le point de départ. Selon Sartre, la conscience n'existe pas par elle-même ni en elle-même.

---

1. La subjectivité : la conscience pensante, le « moi ».

La conscience est toujours conscience de quelque chose : d'un objet, d'un sentiment, d'une vérité.

Soit, par exemple, un amoureux. Il n'est pas amoureux en soi dans l'absolu. Il l'est de quelqu'un, étranger et extérieur à lui. Imaginons que la personne aimée n'ait jamais existé. L'amoureux ne serait jamais devenu amoureux. Il l'aurait peut-être été de quelqu'un d'autre. Mais il le serait toujours d'une autre personne que lui.

Prenons maintenant le cas de Garcin. Sa lâcheté ne réside pas dans sa fuite. Quitter un pays en guerre pour éviter de se faire tuer n'est peut-être pas très glorieux, mais n'a rien de honteux. Garcin, lui, a toujours voulu être un héros, a toujours prétendu tout sacrifier à son idéal. C'est par rapport à cet idéal héroïque, qu'il s'est donné et qu'il n'a pas atteint, que sa fuite devient un acte de lâcheté.

Concluons : la conscience n'existe que par rapport à une réalité qui se situe hors d'elle-même. J'aime un(e) autre, qui n'est pas moi. Je suis jugé d'après des convictions auxquelles j'adhère, et qui sont donc extérieures à ma personne. Sartre en déduit que la conscience ne possède pas de lois qui lui soient propres et qui éclaireraient son fonctionnement. C'est pourquoi Sartre ne croit pas à la psychologie, qui fait dépendre du seul caractère le comportement d'un individu. La psychologie lui semble nier cette relation au monde.

Conscience, émotion et phénoménologie[1]

À la suite du philosophe Heidegger[2], Sartre soutient en revanche que l'émotion représente une voie majeure dans la connaissance de l'homme. Pas d'homme en effet sans émotion. Étymologiquement[3], « émouvoir » dérive de « mouvoir » : être mis en mouvement. L'émotion est un mouvement provoqué par le monde (par l'extérieur) et dirigé vers celui-ci. Elle est en rapport avec le « pour-autrui »[4].

---

1. Voir ci-dessus, p. 7, note 3.
2. Philosophe allemand, Martin Heidegger (1889-1976) a notamment étudié la question des rapports entre la conscience et la temporalité, dans, par exemple, *L'Être et le Temps* (1927).
3. L'étymologie est la science de l'origine des mots.
4. Voir ci-dessus, p. 32.

L'émotion peut dès lors s'analyser à un double niveau. D'une part en elle-même, dans son expression et ses intentions : par exemple, je pleure : pourquoi et dans quel but ? D'autre part, dans ce qu'elle révèle plus généralement de l'individu tout entier, qui choisit de recourir à telle émotion plutôt qu'à telle autre : pourquoi les pleurs et pas le rire ?

La description de l'émotion met ainsi à jour, selon Sartre, les structures essentielles de la conscience. C'est le principe même de la phénoménologie. Par cette méthode, on se propose de décrire les choses elles-mêmes (qu'elles soient une pensée, un sentiment, un geste) afin de saisir ou tenter de saisir le fonctionnement de la conscience. Il s'agit de remonter de la perception du monde (comment je le vois, je le sens, je réagis) à l'être qui le perçoit et qui le fait exister.

L'émotion : une conduite magique

Sartre approfondit enfin cette approche phénoménologique en définissant l'émotion comme un désir de changer le monde lorsque l'action ne suffit plus.

Prenons deux exemples. Je cherche à convaincre mon interlocuteur que j'ai raison. L'argumentation rationnelle que je développe, soit parce qu'elle est faible, soit parce qu'elle est incomplète, ne parvient pas à susciter son adhésion. Je peux alors me mettre en colère pour l'intimider et, en l'impressionnant, l'obliger à me suivre.

Ou bien, pour éviter des aveux qui me sont désagréables à faire, je vais m'évanouir.

L'émotion tend à changer le monde (autrui) dans le sens que désire ma conscience. C'est pourquoi, elle est révélatrice de nos vœux profonds, de notre être réel. Elle s'apparente à une conduite magique, car elle vise à façonner le réel selon nos souhaits, sans pouvoir le transformer véritablement par un acte ou une décision.

▬▬▬ ÉMOTIONS ET « MAUVAISE FOI »

Les émotions correspondent pour ce qui concerne *Huis clos* à une tentative d'annuler tantôt le passé, tantôt le présent.

L'émotion tentant d'annuler le passé

Les personnages répugnent à assumer leur vie. Chez eux, la conscience se refuse d'admettre qu'ils ont chacun à leur façon fait un mauvais usage de leur liberté. Leurs émotions proviennent du désir de se reconstruire une image satisfaisante de soi, en réinterprétant les événements antérieurs, donc en les niant tels qu'ils se sont déroulés. C'est évidemment absurde, puisque les personnages ont perdu toute possibilité de modifier le cours de leur existence. Leurs réactions n'en sont que plus révélatrices de leur « mauvaise foi ». Elles montrent qu'ils trichent tant avec eux-mêmes qu'avec les autres.

Pour parler de sa jeunesse, de son mariage, de sa liaison, Estelle adopte ainsi un ton vif, précise la didascalie[1]. Cette vivacité est signe de sa tension, de sa volonté de se croire innocente et à se présenter comme telle. Son émotion dit le contraire de ce qu'elle affirme : « Je n'ai rien à cacher » (p. 38-39).

Les réactions d'Inès sont à l'opposé de celles d'Estelle. Elle affiche d'entrée une totale impassibilité. Mais celle-ci est une façade, comme le prouve la fin de la pièce. En apparence, Inès accepte de supporter les conséquences de ses actes. En fait, elle avoue à Garcin qu'elle a vécu dans la honte et la peur (p. 88).

Quant à Garcin, il est également trahi par ses émotions. Lui qui prétend affronter calmement la situation afin de mettre sa vie en ordre tambourine sur la porte pour appeler le « garçon » à l'aide (p. 85-86). Sa nervosité dément ses intentions.

L'émotion tentant d'annuler le présent

Si elles expriment la tentation de rectifier le passé, les émotions cherchent également à modifier le présent. Quand le trio ne peut plus supporter sa situation, il s'efforce de la nier par des réactions émotives inadaptées.

---

1. Voir ci-dessus, p. 37, note 1.

Garcin se trahit par ses colères ; Estelle, par ses rires et sa mondanité déplacée ; Inès, par sa tension intérieure.

Quand Inès et Garcin forcent Estelle à avouer que son amant s'est suicidé, elle éclate dans « une crise de sanglots secs » [1]. Ses spasmes n'expriment aucun remords, seulement un moyen d'apitoyer ses deux interrogateurs pour qu'ils cessent de la presser de questions (p. 60 à 62). Comprenant enfin que leur situation est sans issue et à jamais déchirante, Garcin hurle préférer les tortures de l'enfer à sa cohabitation forcée avec Inès et Estelle : « Plutôt cent morsures, plutôt le fouet, le vitriol que cette souffrance de tête, ce fantôme de souffrance, qui frôle, qui caresse et qui ne fait jamais assez mal » (p. 86).

Inès éclate à plusieurs reprises de rire devant le couple que forment momentanément Estelle et Garcin. Elle s'efforce de le détruire par la dérision et, par son rire, elle masque la souffrance que ce simulacre d'amour hétérosexuel crée chez la lesbienne qu'elle est.

On pourrait ainsi analyser l'ensemble des réactions des trois damnés de *Huis clos*. Toujours on y retrouverait cette idée fondamentale propre à Sartre : l'émotion est un vain désir de changer le réel quand l'action n'y suffit pas.

---

1. Sanglots secs : crise de nerfs sans larmes.

7 Un univers fantastique

Huis clos échappe à toute convention réaliste : athée convaincu, Sartre ne prétend pas nous persuader de l'existence d'un « enfer » après la mort et, à plus forte raison, le décrire tel qu'il est. Rien, dans la pièce, n'est vrai, ni même vraisemblable. Tout, ou presque, y est pourtant ordinaire. Quoi de plus banal qu'un canapé ou qu'un coupe-papier ?

L'univers que crée Sartre appartient en fait au fantastique. La notion est suffisamment complexe pour qu'on en précise la définition avant d'analyser en quoi *Huis clos* est une œuvre fantastique.

QU'EST-CE QUE LE FANTASTIQUE ?

Dans le langage courant, le fantastique est synonyme d'extraordinaire, d'incroyable ou d'irréel. Dans le vocabulaire de la littérature, il possède un autre sens.

Le fantastique ne désigne pas l'étrange. On qualifie d'étrange un événement réel dont on ne peut pas douter, mais qui est régi par des lois (scientifiques par exemple) que l'on ne connaît pas, par ignorance personnelle ou parce que le progrès n'a pas encore permis de les concevoir.

Le fantastique ne se confond pas davantage avec le merveilleux, qui se meut d'emblée dans l'imaginaire. C'est le cas des contes de fées. Le lecteur admet, par hypothèse, cette invraisemblance.

Le fantastique naît d'une hésitation où se trouve soudain plongé le lecteur. Dans un monde qui est bien le nôtre, voici que se produit un événement qu'on ne peut expliquer par les lois de ce même monde. Mais on est dans l'incapacité de dire si cet événement est une pure illusion (on serait alors dans le merveilleux) ou s'il obéit à des causes mystérieuses (on serait dans l'étrange).

Le fantastique résulte donc d'une incertitude intellectuelle. Comme l'écrit Tzvetan Todorov, « c'est l'hésitation éprouvée par un être qui ne connaît que les lois naturelles, face à un événement en apparence surnaturel » [1].

Si l'on applique cette définition à la pièce de Sartre, *Huis clos* est une œuvre fantastique par trois de ses aspects : la situation de base, qui est celle de morts vivants ; la présence d'objets insolites ; et le lieu énigmatique de l'enfer.

Cette atmosphère particulière de *Huis clos* résultant d'un choix délibéré, il conviendra à chaque fois de s'interroger sur la signification des divers procédés utilisés.

■■■■■ DES MORTS VIVANTS

Huis clos repose sur l'hypothèse fantastique, par excellence, de la survie incarnée. En présence de qui sommes-nous en effet ? Les personnages sont à la fois décédés et bien vivants.

La vie après la mort

Garcin a été fusillé ; Inès a été victime d'une asphyxie par le gaz ; et une pneumonie a emporté Estelle : tous trois sont censés être morts. En même temps, ils vivent pour ainsi dire normalement. Ils ont un corps ; ils marchent, ils parlent. Leurs sens restent en éveil : ils entendent, ils voient, ils peuvent toucher des objets. Certes, ils ne peuvent ni dormir ni s'alimenter. À quoi bon lorsqu'on est mort ? Mais, à ces deux exceptions près, ces décédés n'ont rien de macabre. Le désir sexuel les habite encore.

Une double rupture

Cet état de morts vivants provoque une double rupture.

D'abord, entre les personnages et leur propre existence qui appartient désormais au passé. En ce qui les concerne, « les jeux sont faits » [2]. Ils n'ont plus qu'à dresser le bilan

---

1. Tzvetan Todorov, *Introduction à la littérature fantastique* (éd. du Seuil, 1970, chap. 2).
2. *Les jeux sont faits* est le titre d'une pièce de Sartre.

47

définitif de leur vie. Comme le dit Inès : « Le trait est tiré. Il faut faire la somme » (p. 90). Une distance s'instaure entre leur vie et leur conscience. Personne ne peut en effet considérer sa vie comme un tout achevé sauf, précisément, à l'instant de sa mort. Mais il est alors trop tard pour s'en apercevoir.

Une seconde rupture, également fantastique, se produit entre les personnages et les spectateurs. L'occasion est donnée à ces derniers de contempler l'impossible, c'est-à-dire l'univers des morts. Ils les voient évoluer de l'extérieur. Face à qui sommes-nous ? Sommes-nous dans la vie ? Ou en dehors ? La question reste sans réponse nette.

Un appel à la lucidité et à la liberté

L'utilisation de cette technique n'est pas gratuite.

D'une part, la mort contraint les personnages à regarder leur vie comme un objet fini. Ils sont pour eux-mêmes des « en-soi ». D'autre part, ces morts demeurent des sujets pensants, des « pour-soi » [1]. Sartre réalise ainsi la séparation fondamentale de ces deux notions, qui ne se produit jamais dans le monde des vivants. Tant qu'il vit, chaque individu est en effet un « pour-soi » (il sait qu'il pense) et un « en-soi » pour les autres (il sait qu'il est pensé par autrui).

Cette séparation fonctionne comme une invitation au lecteur à ne pas se laisser réduire à un « en-soi », comme s'il était déjà mort, mais à décider de sa vie tant qu'il en a encore la capacité. Garcin apparaît dès lors comme un contre-exemple, lorsqu'il déclare : « Je suis mort trop tôt. On ne m'a pas laissé faire mes actes » (p. 90). C'est toujours à plus tard qu'il remettait les actions héroïques dont il rêvait. Sa « mauvaise » foi » réside dans cet incessant report. C'est, selon Sartre, toujours dans le présent qu'il convient d'agir. À chacun, donc, de ne pas vivre comme s'il était mort « trop tôt ». Le fantastique prend la valeur d'un avertissement et d'un appel à la liberté.

---

1. Sur l'« en-soi » et le « pour-soi », voir ci-dessus, p. 32 et 33.

▄▄▄▄▄ DES OBJETS INSOLITES

L'univers de *Huis clos* est peuplé d'objets, que l'on peut ranger en deux catégories : les objets nommés, mais manquants ; et les objets présents, mais inutiles.

Les objets nommés mais manquants

L'« enfer » sartrien se définit d'abord par ce qu'il n'est pas. Par opposition à l'image traditionnelle de l'« enfer » chrétien, lieu de souffrances et de châtiments, il ne comporte aucun instrument de torture. Dès son entrée, Garcin demande où sont « les pals, les grils, les entonnoirs de cuir » (p. 15). Le « garçon » s'étonne de la question et éclate de rire.

De même, ce lieu qui a l'apparence d'un hôtel international[1], n'a pas les caractéristiques des chambres d'hôtel ordinaires : « pas de glaces, pas de fenêtres », pas de salle de bain, ni même de « brosses à dents » (p. 15).

Ces allusions aux objets manquants tendent à créer chez le lecteur un dépaysement total pour mieux le projeter dans un ailleurs vraiment inconnu. Nul ne sait évidemment ce que pourrait être l'« enfer ». Mais le spectateur cultivé, croyant ou non, n'ignore pas quelle représentation en a donnée l'imagerie chrétienne populaire. Devant l'absence de tout arsenal de torture, il est culturellement dérouté. Il l'est également devant cette chambre étrange. Une distance s'instaure de nouveau, qui fait regarder ce lieu d'une manière inédite.

Les objets présents mais inutiles

Lorsqu'en revanche ils sont présents, les objets infernaux sont sans fonction. La sonnette ne marche pas, son « mécanisme » s'étant « coincé » (p. 20). Le coupe-papier n'est d'aucune utilité, puisqu'il n'y a pas de livres dont découper les pages. Estelle s'en servira comme d'un poignard pour assassiner Inès. Mais tue-t-on un mort ?

---

1. Voir ci-dessus, p. 30.

Les canapés permettent de s'asseoir, non de dormir. On ne dort plus en enfer ; et à quoi bon s'asseoir quand on n'est jamais fatigué ? Ces canapés sont d'ailleurs interchangeables : Estelle prend celui de Garcin. Ils ne délimitent même pas un espace privé : dans un « huis clos » à trois, il ne peut y en avoir. Enfin, le « bronze de Barbedienne » [1] n'est pas là pour donner au décor sa touche Napoléon III. Pourquoi un style Napoléon III ? et pas Napoléon Ier ? ou Louis XVI ?

À chaque fois ces objets sont dépourvus de finalité. Or, en principe, un objet est conçu et fabriqué pour une fonction déterminée, fût-elle ornementale. Ne servant à rien, les objets infernaux apparaissent du même coup bizarres et inquiétants. Ils symbolisent un univers privé de signification, un « en-soi » massif. Ils sont à l'image des gestes et des paroles des personnages. À l'instar de la sonnette détraquée, les mots d'amour qu'échangent Garcin et Estelle sont absurdes. Partout et en tout, le sens et la causalité ont disparu. Ce monde devient froid et étranger.

■■■■■■ UN LIEU MYSTÉRIEUX

Appartient enfin au fantastique l'« enfer » lui-même, dont les caractéristiques – la topographie, l'organisation interne, les conditions de (sur) vie et la possibilité de voir ce qui se passe sur terre – impressionnent grandement. Où sommes-nous ?

Une topographie inquiétante

L'« enfer » ne se réduit pas au « huis clos » où est enfermé le trio. Il l'englobe. Répondant à une question de Garcin, le « garçon » précise en effet qu'« il y a d'autres chambres et d'autres couloirs, et des escaliers » (p. 19). L'ensemble prend l'aspect d'un labyrinthe, par nature angoissant. Où mène-t-il ? Sur quoi débouche-t-il ? Même la porte qui finit par s'ouvrir devant Garcin (p. 86) laisse entrevoir une énigme. Elle s'ouvre sur un couloir qui conduit à son tour dans un autre couloir.

---

1. Une sculpture en bronze de l'artiste Barbedienne, qui a vécu au XIXe siècle.

Une organisation proche de l'absurde

Sur ce labyrinthe règnent en maîtres des figures anonymes et invisibles. Le « garçon » parle d'une « direction » (p. 19). Qui est-elle ? Où est-elle ? Que fait-elle ? S'agit-il d'une information humoristique, proche du farfelu[1] ? Ou cette « direction » est-elle la figure moderne des divinités antiques qui trônaient dans les enfers pour y juger et condamner les humains ? Les questions demeurent sans réponse, rendant cet univers énigmatique.

L'exposition[2] suscite bien d'autres interrogations, également sans objet. Comment devient-on « garçon d'étage » ? Par relations ? Le jeune homme qui introduit Garcin dans sa résidence définitive évoque son « oncle », « chef des garçons ». Où, comment se recrute le personnel des enfers ?

Le « garçon » dit bénéficier d'un « jour de sortie » (p. 19). Comique par sa référence au monde des travailleurs, la notation est en même temps inquiétante. Sa « sortie » consiste en effet à monter (ou à descendre) au « troisième étage ». Pour tous, l'« enfer » sartrien est un lieu du « dedans », de l'enfermement.

Ce labyrinthe sans fin dominé par une organisation fonctionnelle rappelle l'absurde des romans de Kafka[3] où les hommes vivent sous un arbitraire pesant, invisible et efficace.

Un lieu sans repos

La manière dont on vit dans l'« enfer » sartrien est surtout un supplice. Si le « huis clos » est un lieu sans agitation, il est aussi un lieu sans repos. L'impossibilité de dormir rend permanente une cohabitation déjà insupportable. La conscience est en éveil éternel comme pour mieux scruter la vérité, cette vérité qui n'est agréable pour aucun des damnés. Nul moyen de s'échapper dans le sommeil.

---

1. Farfelu : cocasse, bizarre.
2. Sur l'« exposition », c'est-à-dire la mise en place de l'intrigue, voir ci-dessous, p. 57.
3. Kafka (1883-1924) a décrit, dans ses romans (*Le Procès*, *Le Château*), un univers froid, énigmatique et angoissant.

Nul moyen, non plus, de se réfugier dans la rêverie. Les paupières de Garcin sont atrophiées. Elles ne peuvent se fermer. « Un clin d'œil, ça s'appelait. Un petit éclair noir, un rideau qui tombe et qui se relève ; la coupure est faite », se souvient Garcin (p. 17). C'était avant, sur terre. En « enfer », c'est « la vie sans coupure ». Il n'y a plus de pause possible.

L'individu n'ayant plus d'échappatoire, et l'enfer ne possédant aucun instrument de torture, le châtiment ne peut être que normal. L'être vivra éternellement à nu, prisonnier de sa pensée et de l'impitoyable regard d'autrui.

Un lieu de double vision

Fantastique, l'« enfer » l'est enfin par le privilège (momentané) qu'il octroie aux damnés. De cet ailleurs, les personnages voient ce qui se passe sur terre, entendent ce que les vivants disent d'eux.

Inès observe la chambre qu'elle a naguère occupée avec Florence (p. 55, 64). Garcin perçoit ce que ses collègues journalistes racontent de lui (p. 76). Il commente même son propre enterrement (p. 53-54). Quant à Estelle, elle assiste, jalouse et indignée, au tango que dansent son ancien soupirant et sa meilleure amie (p. 70).

Ces visions disparaîtront certes progressivement (voir ci-dessous, p. 53). Mais elles sont proprement fantastiques dans la mesure où elles défient les lois physiques et où, pourtant, rien n'est plus naturel que de regarder.

Le fantastique de *Huis clos* est en définitive lié au regard : au regard qui dévoile l'impensable (les morts vivants), qui discerne l'insolite (les objets défectueux), qui interroge et traque sans fin la vérité (tout repos étant impossible) et qui possède le don de double vue.

Le temps
et l'éternité

Sur le plan technique, l'écriture de *Huis clos* posait à Sartre une redoutable difficulté : comment suggérer l'éternité ? Par définition, il n'y a ni passé ni présent ni futur. Avec les dates et les horloges, la chronologie est une invention humaine. L'éternité est, quant à elle, une donnée insaisissable et même inconcevable. Sartre réussit pourtant la prouesse d'en rendre l'impression.

Il y parvient par deux moyens : par l'effacement progressif du temps humain et par la suggestion d'une durée sans fin. Cette éternité, ainsi rendue, devient en outre, par la connaissance absolue des choses et des êtres qu'elle procure, une source de souffrance pour les personnages.

■■■■ L'EFFACEMENT
PROGRESSIF
DU TEMPS HUMAIN

L'appréciation de l'éternité se fait d'abord par rapport au temps humain. D'une part, celui-ci s'accélère si vite que l'idée de chronologie se vide de tout sens ; d'autre part, les repères temporels disparaissent progressivement.

Une destruction rapide
de la chronologie

Au moins au début, les damnés possèdent encore la possibilité de contempler leurs proches restés « là-bas ». Or, comme le remarque Estelle, « le temps passe vite sur terre » (p. 34).

De fait, Garcin voit sa femme en deuil dans une rue de Rio « où il fait un beau soleil » (p. 32). Un peu plus loin, il constate, à Rio toujours, qu'« il neige dehors » (p. 54). On ne peut mieux souligner la fuite accélérée du temps. Inès éprouve la même expérience. La chambre où elle a vécu avec Florence est « vide, avec des volets clos », puis à louer (p. 55), enfin louée : « Les fenêtres sont grandes ouvertes » (p. 63). Le temps nécessaire à l'échange des répliques entre les trois personnages ne correspond pas à la durée vraisemblable des faits et gestes qu'ils observent.

L'accélération du temps se fait en outre de plus en plus rapide. La femme de Garcin, par exemple, « est morte tout à l'heure. Il y a deux mois environ » (p. 81). La chronologie se contracte au point de perdre toute valeur.

La disparition de tout repère temporel

De la contraction à l'effacement de la durée, il n'y a qu'une nuance, vite supprimée.

Les personnages deviennent bientôt aveugles à ce qui se passe sur terre. Leur cécité gomme alors le temps. Ou bien la surdité les frappe. Le résultat est le même. Perdant tout contact auditif ou visuel avec le monde, le trio se trouve privé de repère.

Chacun des damnés ressent douloureusement cet arrachement hors du temps. C'est Inès qui s'exclame : « Je ne vois plus, je n'entends plus. Eh bien, je suppose que j'en ai fini avec la terre » (p. 64). Estelle, de son côté, constate : « Je n'entends plus du tout. [...] La terre m'a quittée » (p. 71). Quant à Garcin, évoquant ses collègues journalistes, il ne les « entend » également plus : « Je ne suis plus rien sur terre » (p. 89), dit-il. Le temps humain s'étant désintégré, l'éternité peut dès lors commencer.

▄▄▄▄▄ UNE DURÉE SANS FIN

Par comparaison avec l'écoulement puis la disparition de la chronologie, l'éternité se définit par sa fixité. Elle est un présent immobile et, par conséquent, à jamais identique.

Un présent immobile

L'arrivée des damnés en enfer correspond à leur projection dans le perpétuel, dans l'éternité. La première scène

de la pièce en précise les caractéristiques : plus de sommeil (p. 16), plus de nuit, mais des lampes qui ne s'étei-
gnent jamais. C'est un « jour » (p. 18), exempt de toute
temporalité. Il n'est même plus nécessaire de se laver les
dents. Aucun geste ne permet désormais la moindre data-
tion. Un instant dilaté s'installe.

La durée, ou, plus exactement l'impression d'infini,
s'identifie à cette dilatation. « Nous resterons jusqu'au bout
seuls ensemble » (p. 41), pressent Inès. Mais ce « jusqu'au
bout » n'a pas de « bout ». « Je vais brûler, je brûle et je
sais qu'il n'y aura pas de fin » (p. 66), comprend Inès.
Passé et futur se confondent.

Un présent à jamais identique

La structure de la pièce est par ailleurs cyclique. À la fin,
Garcin prononce ces mots : « Eh bien, continuons » (p. 95).
Mais « continuer » à quoi faire ? À poursuivre l'interroga-
toire que le trio inflige à chacun de ses membres. Le supplice de la damnation réside dans le sentiment à jamais vif
de la culpabilité.

Garcin, Estelle et Inès s'allieront toujours à deux contre
le troisième. Tantôt, ce sera Garcin et Estelle contre Inès ;
tantôt Inès et Estelle contre Garcin ; tantôt Inès et Garcin
contre Estelle. Comme ils n'ont cessé de le faire depuis le
début de la pièce, ils poursuivront leur alliance éphémère
contre un tiers exclu, et ce tiers exclu brisera toujours l'entente dirigée contre lui[1]. Condamné à demeurer ensemble, le trio est condamné à tourner en rond, à répéter
indéfiniment ce qu'il fait. « Nous nous courrons après
comme des chevaux de bois, sans jamais nous rejoindre »
(p. 66), commente Garcin.

Au sens strict, *Huis clos* ne décrit pas l'éternité, mais
l'accès à l'éternité quand l'homme vient de mourir. Ce
sont en quelque sorte les premières minutes de l'éternité.
Elles se répéteront exactement. Plus d'avenir et, pas davantage, de passé. Reste un présent à jamais immobile parce
qu'il est pour jamais identique à lui-même.

---

1. Voir ci-dessus, p. 35.

■ L'ÉTERNITÉ
OU LE SAVOIR TOTAL

Échappant au temps, l'éternité sartrienne confère un privilège, mais qui s'avère redoutable : celui du savoir total.

Les damnés connaissent en effet tout sur eux-mêmes. Non seulement parce qu'ils y sont contraints par la présence des «autres» [1], mais parce qu'ils savent d'emblée tout sur les autres. Immédiat, leur savoir est absolu.

Les interrogatoires auxquels ils se livrent ne tendent pas en effet à découvrir une vérité ignorée, mais à faire dire une vérité déjà pressentie, à la formuler explicitement. Garcin, par exemple, sait déjà que l'amant d'Estelle s'est suicidé d'«coup de fusil dans la figure» (p. 61). Il ne demande pas à Estelle de dire la vérité, mais de la confirmer.

De même, Garcin n'a aucun doute sur ce que fut l'existence d'Inès : «Si tu dis que je suis un lâche, c'est en connaissance de cause» (p. 88). La même science existe chez Inès. Elle sait immédiatement que Garcin est un lâche.

Ce privilège est toutefois redoutable, dans la mesure où, loin de libérer ou de consoler les damnés, il les accable davantage. Tout connaître, c'est d'abord se connaître entièrement. Et au fond de la connaissance absolue qu'ils ont d'eux-mêmes et de chacun, ils découvrent leur lâcheté et celle des autres, leur «mauvaise foi» et leur échec définitif. Dans tous les sens du terme, l'éternité est infernale.

---

1. Voir ci-dessus, p. 32.

9 Tragédie ou anti-tragédie ?

Un dramaturge précise ordinairement la nature de la pièce qu'il vient d'écrire : il la qualifie de « tragédie », de « comédie » ou de « drame »... Sartre ne suit pas cet usage. *Huis clos*, se contente-t-il d'indiquer, est une pièce en un acte... En apparence anodine, cette dénomination, par ailleurs matériellement exacte, est en fait importante. Elle témoigne du refus de Sartre d'inscrire sa pièce dans les catégories théâtrales habituelles, ainsi que de sa volonté de créer une forme dramatique nouvelle.

De là provient la difficulté de caractériser *Huis clos*. À bien des égards, c'est une anti-tragédie, par ses différences avec ce qu'est, par exemple, une tragédie classique. La pièce n'en demeure pas moins authentiquement tragique. Elle est l'illustration de ce « théâtre de situation » que Sartre n'a cessé d'appeler de ses vœux.

■■■■■■ UNE ANTI-TRAGÉDIE

Huis clos ne présente aucun des traits distinctifs d'une œuvre tragique traditionnelle. La pièce est sans action et sans dénouement. Les personnages, quant à eux, sont sans caractère.

Une absence d'action

L'intrigue de *Huis clos* est inexistante : il ne s'y passe rien. Les jeux sont faits. Morts, les personnages ne peuvent plus modifier leur passé. Condamnés pour l'éternité, ils n'ont pas davantage d'avenir. Le futur ne sera pour eux qu'un présent constamment recommencé[1]. Aucun événement extérieur ne viendra bouleverser leur sort.

---

1. Sur l'éternité, qui n'est qu'une répétition du présent, voir ci-dessus, p. 54.

La tragédie classique aimait confronter les individus à l'Histoire et à leurs passions. À l'instar de Rodrigue dans *Le Cid* ou d'Auguste dans *Cinna*, les héros cornéliens cherchaient à maîtriser les situations et à façonner leur propre destin. Les personnages raciniens éprouvaient, comme Phèdre, leur impuissance à changer le cours de leur vie. Dans *Huis clos*, Garcin, Estelle et Inès sont voués à l'immobilisme. Ils n'ont rien à faire et ne peuvent rien refaire.

Une absence de dénouement

Pas plus que d'action, *Huis clos* ne renferme de dénouement. L'idée même d'une fin est absurde dans le contexte de l'éternité qui, par définition, ne connaît aucun terme. Si le baisser du rideau marque la fin du spectacle, il ne coïncide pas à proprement parler avec une conclusion. Le trio restera dans cette situation, particulière et étrange, où les projets sont impossibles, où les excuses sont vaines, où s'effritent leur mauvaise foi et leur tentation dérisoire de se fabriquer des alibis. Les derniers mots de la pièce prononcés par Garcin ne laissent aucun doute à cet égard : « Pour toujours », dit-il ; « Eh bien, continuons. »

Le héros de la tragédie classique pouvait au moins échapper à un destin trop cruel en se suicidant. Dans *Huis clos*, cette ultime possibilité n'existe même plus, puisque les personnages évoluent déjà dans l'au-delà. Inès éclate de rire quand Estelle tente de la poignarder avec le coupe-papier (p. 94) !

Une absence de caractère

Les personnages enfin sont très différents de ceux de la tragédie classique. Ils sont sans caractère, sans vertu ni défaut majeurs, et même sans psychologie. Sartre les dote certes de tous les attributs des individus : ils ont un nom, un passé social, professionnel, affectif. Mais ce ne sont pas leurs passions, bonnes ou mauvaises, qui les définissent. C'est la situation de « huis clos » perpétuel dans laquelle ils se trouvent. C'est elle qui fait la lâcheté de Garcin, puisqu'elle lui enlève les moyens de prouver qu'il aurait pu être courageux. C'est encore elle qui enferme Estelle dans sa superficialité en la privant désormais de toute volonté. C'est elle enfin qui réduit Inès à vivre une homosexualité douloureuse, car elle ne pourra jamais posséder Estelle.

Tant qu'il subsiste un avenir, demeure en effet l'espoir, même s'il est infime, d'évoluer, d'infléchir le passé par un acte, de se façonner soi-même. Dès lors que cet avenir disparaît, on est ce qu'on a fait. Les actes accomplis définissent, mais après coup et inutilement, le caractère. C'est ce que découvrent trop tard les personnages.

■■■■■ UN TRAGIQUE AUTHENTIQUE

Si *Huis clos* n'est pas une tragédie selon la classification courante, la pièce n'en est pas moins tragique. De même, en effet, que le comique peut exister en dehors de la comédie, de même le tragique peut s'épanouir hors de la tragédie. Or, par la vision de l'existence qu'elle implique, par l'intolérable attente et par la mort morale auxquelles elle voue les personnages, la pièce est incontestablement tragique.

Une vision tragique de l'existence

Tragique, *Huis clos* l'est d'abord par sa pensée philosophique. En dépit des apparences, la pièce est une métaphore[1] de l'existence terrestre. Elle ne se déroule « ailleurs » et après la mort que pour mieux illustrer le caractère tragique de la condition humaine.

En accédant à l'éternité et en enfer, les personnages prennent douloureusement conscience que tout est joué. Il en va de même, selon Sartre, pour n'importe quel être. Dès la naissance, tout est joué dans la mesure où nous sommes condamnés à mort. Et pour rien. Cette situation, identique à celle que connaît le trio, commande tout.

Certes, à la différence du trio, l'homme tant qu'il vit a la possibilité de choisir le type d'existence qu'il souhaite.

---

1. Une métaphore de l'existence : une image symbolique de l'existence.

Mais quel que soit son choix, ce choix n'a pas plus de légitimité que n'importe quel autre. L'être s'avère libre mais sa liberté, selon Sartre, est tragique parce qu'elle ne tend à rien d'autre qu'à son affirmation gratuite. Le choix que fait un individu ne dépend pas en effet d'une raison objective, valable partout et en tous temps (comme ce serait le cas si ce choix était dicté par le désir d'obéir à une divinité). Il reste personnel, subjectif. Il n'a de valeur que pour l'homme qui l'effectue.

Une intolérable attente

L'attente dans laquelle s'installent les personnages est également angoissante. Ordinairement, l'attente implique une fin, heureuse ou malheureuse. On attend quelqu'un ou quelque chose. Garcin, Inès et Estelle ne font rien d'autre que d'attendre, mais c'est une attente sans raison, puisqu'il n'y a plus de fin, plus de but, puisqu'il n'y a rien. C'est une attente vide de sens.

Un sentiment tragique en découle. De même, selon Sartre, nous attendons dès notre naissance. Nous attendons la mort, aussi inéluctable qu'absurde. Comment justifier la mort ? Il n'est pourtant d'autre issue que d'assumer au mieux, ou au moins mal, cette attente. Dans *Huis clos*, l'au-delà supposé de la mort fait prendre conscience du non-sens de l'existence.

Une attente morale

Dans ce contexte, les personnages de *Huis clos* sont pour les spectateurs des contre-exemples. Ils incarnent ce que, dans le système sartrien, il convient de ne pas faire. L'enfer consiste en effet pour eux à vivre éternellement avec le sentiment de leur échec, sans pouvoir jamais se le masquer[1]. Garcin reste celui qui a fui en dépit de ses protestations et de ses rêves héroïques ; Estelle demeure l'infanticide, qui a rusé avec ses responsabilités ; et Inès est pour toujours condamnée à souffrir de son homosexualité. Cet échec et l'impuissance des personnages figés dans la

---

1. Voir ci-dessus, p. 35.

mort ne peuvent qu'engendrer une certaine angoisse chez les spectateurs. Né sur la scène, le tragique s'empare de l'assistance.

UN THÉÂTRE DE SITUATION

Avec *Huis clos*, Sartre imagine un théâtre différent du passé, un théâtre que lui-même a qualifié de « théâtre de situation » [1]. La conception en est nouvelle : c'est à la fois un théâtre moral et un théâtre de représentation.

Une conception nouvelle du théâtre

La tragédie classique représente des actions exception-nelles, accomplies par des héros maudits ou exemplaires. Sartre se fait une autre idée du théâtre, intimement liée à sa philosophie. C'est celle d'un « théâtre de situation ». Dieu n'existant pas, selon Sartre, l'homme ne peut se défi-nir par rapport à un quelconque Créateur. Il est ce qu'il se fait, ce qu'il décide d'être. Libre de son devenir, il en est aussi l'unique responsable.

Mais la question de ce devenir ne saurait se poser en termes abstraits ou généraux. Parce qu'il naît à un endroit, à une époque et en un milieu donnés, chaque individu se trouve de fait en « situation » (politique, géographique, so-ciale…). L'acte qui justifiera son existence sera celui par le-quel l'homme assume sa « situation » et la dépasse en agissant.

De là provient la nécessité pour Sartre de mettre en scène non des caractères ni des personnages historiques ou mythiques, mais des « situations si générales qu'elles soient communes à tous » [2]. Or quoi de plus universel que la mort ? *Huis clos* expose la « situation » la plus « com-mune » possible.

---

1. Sartre, *Situations II, Qu'est-ce que la littérature ?* (Gallimard, 1948, p. 313 et suivantes).
2. *Ibid.*

Un théâtre de l'engagement

Huis clos (comme les autres œuvres théâtrales de Sartre) définit ainsi une morale de l'action, proposée aux spectateurs. Celle-ci est d'une redoutable et implacable exigence, sans droit à l'erreur, sous peine de ressembler au trio des damnés.

Le plaidoyer sartrien en faveur de la liberté ne saurait en effet se confondre avec un manifeste du bon plaisir. Ce n'est pas : « Je fais ce que je veux quand je veux. » La liberté que, chacun à sa façon, Garcin, Inès et Estelle ont reniée est celle qui consiste à choisir un sens à sa vie et à le lui donner par des actions qui engagent toute l'existence. Le propos de Sartre n'est donc pas moralisateur, puisqu'il se refuse à prêcher une vérité. Il rappelle simplement que chacun doit mériter sa vie. Chacun doit bâtir sa vérité, puisque, par définition, il n'y a pas, dans le système sartrien, de Dieu délivrant une vérité universelle et éternelle.

Cela ne signifie pas pour autant que tous les actes se valent. Si tel était le cas, n'importe quel assassin se trouverait justifié ou excusé. Il lui suffirait de dire qu'il croyait avoir raison. Dans sa pièce, *Morts sans sépulture* (1946), Sartre condamne ceux qui, durant la Seconde Guerre mondiale, ont fait le choix de la collaboration avec le nazisme.

Tous les actes n'ont donc pas la même valeur. Les uns sont positifs, d'autres négatifs. Seul le bénéfice (politique, moral) qu'en tire la collectivité permet de trancher entre les bienfaits et les méfaits d'un acte.

On retrouve là l'idée du risque inhérent à tout acte. On ne sait jamais (ou on sait rarement) à l'avance si l'on a ou non raison[1]. Mais, pour Sartre, il est préférable d'assumer ce risque plutôt que de ne pas s'engager. Se tromper est tragique ; mais ne rien faire de peur de se tromper lui apparaît immoral.

Une autre leçon de *Huis clos* consiste à dénoncer l'illusion de l'isolement et de l'individualisme. De même que, du seul fait que nous existons, nous sommes contraints (par la « situation ») de donner un sens à notre propre vie, de

---

[1]. Voir ci-dessus, p. 31 et 32.

même, nous nous définissons par nos relations avec autrui. Par ses actes, chaque homme participe à l'élaboration de l'image, plus ou moins idéale, de ce que doit être l'homme. Les personnages de *Huis clos* en sont une démonstration par l'absurde, dans la mesure où, selon Sartre, ils ne se montrent pas dignes de la condition humaine.

Un théâtre de représentation

De là vient la différence fondamentale avec la tragédie classique. Celle-ci se fixait pour but de raconter une histoire, d'en dérouler le fil et de donner au public l'illusion que cette histoire était vraie. Le fantastique[1] de *Huis clos* et son absence d'intrigue situent d'emblée la pièce hors de toute forme dramatique classique. Il ne s'agit pas pour Sartre de bouleverser le spectateur, ni même de lui faire croire à la vraisemblance de la situation. L'important, pour lui, est de présenter ce qui fait réfléchir, de donner à voir autant qu'à penser. C'est ce qu'on appelle un théâtre de « représentation », par opposition au théâtre d'« imitation » (qui prétend être vrai). Comme l'observe Sartre : « L'écrivain ne doit pas chercher, sinon il est en contradiction avec lui-même ; s'il veut exiger, il faut qu'il propose seulement la tâche à remplir. De là, ce caractère de pure représentation qui paraît essentiel à l'œuvre d'art[2]. » *Huis clos* en est une éclatante illustration. S'il est bien évident que nul ne peut croire en la réalité de ces « morts vivants », Garcin, Inès et Estelle, par leur échec même, incitent le public à une réflexion sur ses propres choix.

La pièce n'est donc pas une tragédie. Sur le plan technique, elle en est même à l'opposé. En un sens, c'est une anti-tragédie. *Huis clos* n'en demeure pas moins tragique. En fait, Sartre a créé un théâtre qui, dépassant les étiquettes traditionnelles, s'est d'abord voulu un théâtre résolument différent.

---

1. Voir ci-dessus, p. 46.
2. Sartre, *Situations II, Qu'est-ce que la littérature ?* (Gallimard, 1948, p. 99).

10 Style et langage

Le style de *Huis clos* ne constitue pas en apparence un modèle de perfection « littéraire ». Il abonde en effet en expressions familières, parfois vulgaires. Mais, d'une part, Sartre en contrôle subtilement l'usage ; et, d'autre part, le langage quotidien n'est pas le seul registre sur lequel il joue. À chacun de ses personnages correspond une manière de s'exprimer, révélatrice de sa situation et de son passé.

Une gamme de tons très variée, comique, ironique, lyrique et tragique, parcourt en outre le texte.

Dramaturge conscient qu'une pièce est moins faite pour être lue que pour être représentée, Sartre élargit enfin le langage théâtral à d'autres domaines d'expression. À la parole, il ajoute le chant et la danse.

L'écriture de *Huis clos* se révèle ainsi plus élaborée qu'il ne semble de prime abord. Elle est efficace et riche, d'une vigueur en définitive exemplaire.

■■■■■ UN USAGE CONTRÔLÉ DU LANGAGE QUOTIDIEN

Il suffit presque de lire au hasard pour s'apercevoir combien fleurissent les familiarités de langage. Aussi étonnant que cela puisse paraître, elles sont inhérentes au sujet même de la pièce. C'est pourquoi Sartre n'hésite pas à les utiliser.

De fréquentes expressions familières

Le dialogue épouse souvent les tournures et les tics des conversations quotidiennes. Les interjections[1] sont

---

1. Une interjection est un mot bref exprimant une réaction souvent violente.

nombreuses : « Eh bien… » (p. 14, 37, 54), « Hé » (p. 21), « Hum ? » (p. 57), « Hein » (p. 87). Le vocabulaire se fait volontiers populaire : « C'est comme ça » (p. 13), « Alors ? » (p. 27), « D'accord » (p. 43), « Et après ? » (p. 50), « Quoi » (p. 57). Certaines formules frisent la vulgarité : « Tu te frottais contre lui » (p. 50) ; « Alors, tu veux un homme » (p. 73) ; « Ha ! chienne ! À plat ventre » (p. 74).

Au regard des règles grammaticales, la construction des phrases interrogatives n'est pas d'une correction exemplaire. Tantôt par redoublement de la tournure interrogative : « Qu'est-ce qui va venir ? » (p. 27), au lieu de : « Qui va venir ? » Tantôt par absence d'inversion du verbe et du sujet : « Il faut que je me taise ? » (p. 42).

Spécificités du langage parlé, les exclamations reviennent enfin fréquemment : « Elle marche ! » (p. 20) ; « Quelle extravagance ! » (p. 24) ; « Non ! » (p. 27).

Aux subtilités de la syntaxe, Sartre préfère donc la spontanéité de la langue ordinaire qui procède moins par enchaînements logiques que par juxtapositions. Garcin dit, par exemple, à Inès : « Ça te cassait bras et jambes. Et le lendemain, tu ne savais plus que penser […]. Oui, tu connais le prix du mal. Et si tu dis que je suis un lâche, c'est en connaissance de cause » [1] (p. 88).

Un choix volontaire et maîtrisé

La multiplication de ces tours familiers ne relève pas pour autant d'un parti pris de négligence. Le sujet les appelait presque inévitablement. Par nature fantastique[2], l'univers des morts vivants risque d'apparaître trop irréel, trop abstrait, trop philosophique. Une écriture « classique », recherchée, aurait accentué cette irréalité. L'introduction d'un discours familier renforce au contraire la vraisemblance, le caractère commun, presque banal de l'« enfer ». En entendant parler les personnages comme ils pourraient parler dans la rue, le spectateur adhère mieux à ce qu'il écoute.

---

1. Le premier « et » a en fait une valeur de conséquence. Il faut comprendre : « Ça te cassait bras et jambes, *de sorte que* le lendemain… » Le second « et (si) » a une valeur temporelle : « Quand tu dis que… »
2. Voir ci-dessus, p. 47.

Le langage quotidien présente par ailleurs l'avantage d'être direct. Il ne s'embarrasse guère de nuances, de restrictions ou de circonlocutions[1]. Il va droit au but. « Est-ce que j'ai une tête à lâcher prise ? » dit, par exemple, Inès (p. 66). Voilà qui est plus frappant qu'une phrase sur la fermeté de son caractère. Quand Garcin avoue qu'il voulait être « un dur » (p. 89), chacun comprend le monosyllabe, tant il porte et fait choc. L'impact dramatique de *Huis clos* tient en partie à la force du langage quotidien.

■■■ UN LANGAGE RÉVÉLATEUR DES PERSONNAGES

Chaque membre du trio ne s'exprime pas de la même façon que les deux autres. Garcin ne parle pas comme Inès, qui ne parle pas, non plus, comme Estelle. De surcroît, aucun d'eux ne s'exprime pareillement d'un bout à l'autre de la pièce. Le langage est donc adapté et évolutif. Il opère comme un double révélateur, d'une part, des conditions sociales, d'autre part, de la mauvaise foi.

Un révélateur des conditions sociales

Journaliste, Garcin se veut un intellectuel engagé ; Inès est une ancienne employée des Postes (p. 36) ; Estelle se présente comme une mondaine. Appartenant à des milieux sociaux différents, ils ne possèdent pas la même culture, et leurs différences culturelles se ressentent dans leur vocabulaire.

Habitué à écrire et à manier des idées, Garcin utilise volontiers des mots abstraits. Il parle à plusieurs reprises d'affronter la « situation », de se « recueillir », de « remettre sa vie en ordre », de « déchiffrer la révélation » (p. 88). Garcin sait fort bien décrire les choses, même les plus banales, comme un battement de paupières. L'homme pratique volontiers l'analyse et l'introspection[2].

---

1. Une circonlocution est une manière de dire sa pensée de façon indirecte, imprécise.
2. L'introspection désigne l'analyse intérieure qu'un être fait de lui-même.

Inès est plus simple et plus directe. Elle tutoie les gens presque d'emblée. Ses phrases sont grammaticalement brèves, très souvent composées de propositions indépendantes (voir, par exemple, p. 63-64, comment Inès décrit la scène des locataires qui occupent ce qui était sa chambre). Son vocabulaire est restreint et répétitif : les mêmes mots reviennent dans ses phrases (voir, par exemple, p. 65-66).

Estelle conserve les caractéristiques verbales de la bourgeoisie à laquelle son mariage l'a fait accéder. Elle lui emprunte ses formules de politesse : « Plaît-il ? » (p. 38). En femme naguère accoutumée à commander à une domesticité, elle compare le personnel de l'« enfer » à des « subalternes », à des « employés sans instruction » (p. 39). Elle est la seule à appeler Garcin « Monsieur » (p. 44). Au tutoiement, elle préfère le vouvoiement (p. 48). Elle défend d'« employer des mots grossiers » (p. 41).

Un révélateur de la mauvaise foi

Cette adaptation du langage à la culture et à la situation sociale des personnages peut sembler normale, constituer un trait de réalisme ou de vraisemblance. Elle l'est en effet, mais elle ne l'est pas uniquement.

Huis clos a pour but de dénoncer et de démasquer la « mauvaise foi » sous tous ses aspects, en particulier le masque des conventions sociales et des bienséances. À mesure que, comme le dit Garcin, les personnages se mettent moralement à nu (p. 66), les barrières du mensonge, de leurs mensonges, tombent. Il devient dès lors inévitable que leur façon de parler évolue. Elle se dépouille de ses formules de politesse, de ses références culturelles ou intellectuelles. Elle devient nette, crue, parfois virulente.

Chez Garcin, l'intellectuel engagé cède progressivement la place à l'aventurier raté qu'il fut. Son vocabulaire abandonne l'abstraction : « Écoute, dit-il à Inès, chacun a son but, n'est-ce pas ? Moi, je me foutais de l'argent, de l'amour. Je voulais être un homme. Un dur. J'ai tout misé sur le même cheval » (p. 89). Avec sa véritable nature, Garcin retrouve son véritable langage.

Estelle finit par oublier la rhétorique[1] mondaine des conversations de salon. Elle qui déteste les « mots grossiers », espère qu'Inès « crèvera » (p. 92) de la voir dans les bras de Garcin. Sans que cela lui en coûte, elle renonce au vouvoiement pour tutoyer ses compagnons d'éternité (p. 91-92). Seule Inès conserve son franc-parler.

C'est donc à mesure que les personnages se dévoilent que le langage évolue vers plus de brutalité et de crudité. Il devient vrai et, en devenant vrai, il acquiert un impact de plus en plus fort. « Tu n'es rien d'autre que ta vie » (p. 90), lance Inès à Garcin. On ne peut être plus net et plus simple. Ce « tu », c'est comme si le lecteur (ou le spectateur) se trouvait directement interpellé.

██████ UNE GAMME DE TONS

Bien que la pièce soit grave et procède d'une philosophie essentiellement tragique, *Huis clos* ne possède pas de tonalité univoque. Toute une gamme d'effets la parcourt au contraire.

Le comique et le rire infernal

Certains passages relèvent du comique pur et simple. Le rire ou, plutôt, le sourire naît du décalage entre la situation (des damnés en enfer) et les expressions utilisées. Entendre le « garçon », dont le statut est par définition diabolique[2], parler de l'« amour de Dieu » (p. 16), prête à sourire. Il en va de même lorsque, constatant que « le bourreau est chacun de nous pour les deux autres », Inès commente : « Ils ont réalisé une économie de personnel. Voilà tout. Ce sont les clients qui font le service eux-mêmes, comme dans les restaurants coopératifs » (p. 42). Pour le moins inattendue, la comparaison est humoristique.

---

1. La rhétorique est le nom donné à l'art de bien parler.
2. L'enfer est par tradition le domaine du Diable. Le « garçon » appartenant au personnel de l'enfer est donc un « diable » à son tour.

Parfois le comique touche à l'absurde, proche de celui que pratiquera par exemple Ionesco dans *La Cantatrice chauve*[1]. Parlant de sa femme, Garcin dit : « Elle est morte tout à l'heure. Il y a deux mois environ » (p. 81). Bien que ce raccourci temporel soit l'indice, comme on l'a vu (chap. 8, p. 53), que le temps humain se désagrège, les spectateurs, qui évoluent dans la durée chronologique, ne peuvent pas ne pas sourire.

Le rire peut enfin cacher l'horreur, comme s'il constituait la seule réponse possible à la damnation. S'il arrive que les spectateurs sourient, ce sont en effet les personnages qui éclatent de rire. Les didascalies[2] précisent comment doivent s'échanger les toutes dernières répliques : dans un éclat de rire général ! Inès « rit », Estelle « éclate de rire », Garcin « rit en les regardant toutes deux » (p. 94-95).

Ce rire des personnages peut s'interpréter de deux façons. Si l'on se réfère à la tradition chrétienne qui faisait du rire le propre du Diable[3], cette réaction du trio devient un rire satanique. C'est la preuve ultime de sa damnation définitive.

Mais on peut aussi voir dans ce rire une sorte de réaction contre l'horreur de la situation que les personnages viennent de découvrir. Par un effet momentané de distanciation, l'excès de souffrance engendre non l'accablement, mais le sursaut. Remarquons que c'est le seul moment de la pièce où les personnages communient dans la même attitude. Passagèrement, cela va de soi. Après avoir ri, il leur faut continuer pour toujours, c'est-à-dire continuer de se faire souffrir.

Par des chemins différents, l'une et l'autre interprétation conduisent au même résultat : celui de la prise de conscience du châtiment éternel.

---

1. Ionesco (1912-1994) utilisera la même technique au début de *La Cantatrice chauve* (1950). La pendule sonne dix-sept coups et un personnage s'exclame : « Tiens, il est neuf heures ! ».
2. Voir ci-dessus, p. 37, note 2.
3. Conception courante au Moyen Âge et à laquelle Baudelaire, dans un essai sur *L'Essence du rire* (1855), se réfère encore.

L'ironie

L'ironie[1] est également présente. Elle l'est d'abord dans la situation de base. Les personnages qui se trouvent réunis en enfer sont précisément des êtres qui ne sont pas faits pour s'entendre.

L'ironie apparaît encore dans la définition sartrienne de l'enfer. Le spectateur s'attend à une salle de tortures. Le voici invité dans un salon de style Napoléon III. « Alors, c'est ça l'enfer ? Je n'aurais jamais cru... Vous vous rappelez : le soufre, le bûcher, le gril... Ah ! quelle plaisanterie » (p. 93). La raillerie exercée à l'encontre de la conception chrétienne de l'enfer est évidente.

Enfin, les paroles que prononcent les personnages sont parfois ironiques. L'exemple le plus frappant est cette réplique d'Inès à l'intention d'Estelle et de Garcin : « Damnée, la petite sainte. Damné, le héros sans reproche » (p. 41). Ce sont des expressions qu'il convient de prendre à contre-pied. Pas un instant, Inès ne croit que Garcin fut un « héros » et qu'Inès fut une « sainte ». Elle formule à voix haute, pour mieux s'en moquer, l'idée (fausse) que Garcin et Estelle se font d'eux-mêmes.

Des accents tragiques

La gravité du sujet impose la prédominance de la tonalité tragique. Celle-ci naît du bilan que les personnages dressent de leur vie. Le constat est d'une sécheresse angoissante : « Nous avons eu notre heure de plaisir, n'est-ce pas ? dit Inès. Il y a des gens qui ont souffert pour nous jusqu'à la mort et cela nous amusait beaucoup. À présent, il faut payer » (p. 41). Point n'est besoin de grandiloquence[2] ni de cris déchirants. Une antithèse suffit (« souffrir jusqu'à la mort » et « amuser »), ainsi que l'indication du châtiment (« payer »).

---

1. L'ironie est une forme d'esprit qui consiste à donner pour vrai et sérieux ce qui est faux ou absurde. Elle peut s'appliquer à une situation. On parle alors d'ironie du sort.
2. La grandiloquence est un style affecté qui abuse des grands mots et des sentiments faciles.

Parfois la tonalité tragique provient d'une observation lapidaire : « Le bourreau, c'est chacun de nous pour les deux autres » (p. 42).

La découverte que le trio fait de sa « mauvaise foi » et du décalage entre vie rêvée et vie réelle est une autre source du tragique. En témoigne ce dialogue entre Garcin et Inès (p. 90) :

> GARCIN : Je n'ai pas rêvé cet héroïsme. Je l'ai choisi. On est ce qu'on veut.
> INÈS : Prouve-le. Prouve que ce n'était pas un rêve. Seuls les actes décident de ce qu'on a voulu.
> GARCIN : Je suis mort trop tôt. On ne m'a pas laissé le temps de faire *mes* actes.
> INÈS : On meurt toujours trop tôt. [...]

L'intensité tient à la conjonction de la simplicité d'expression (les verbes prédominent) et à la nature des idées échangées. Sur le plan technique, on peut presque parler de stichomythie[1]. Le tragique procède enfin de ce que Garcin abandonne ses dernières illusions sur lui-même. Il se voit obligé de reconnaître qu'Inès a raison : « Vipère ! Tu as réponse à tout » (p. 90).

Des accents lyriques

Le lyrisme, dans sa définition la plus simple, correspond à l'expression de sentiments intimes propres à susciter l'émotion du lecteur ou de l'auditeur.

L'évocation du monde des vivants par Estelle (p. 69-70) en est une illustration. Non que la scène soit en elle-même émouvante : Estelle voit son cousin et sa meilleure amie danser en se moquant d'elle. Mais Estelle commente cette scène avec une nostalgie toute lyrique : « Je donnerais tout au monde pour revenir sur terre un instant, un seul instant, pour danser. » La fin de sa tirade se colore de tristesse et de souffrance : « Jamais plus. La terre m'a quittée. Garcin, regarde-moi, prends-moi dans tes bras » (p. 71).

_____

1. La stichomythie est un dialogue où les personnages se répondent vers pour vers. *Huis clos* est écrit en prose. Au sens strict, il n'y a donc pas de stichomythie. Mais la vivacité de l'échange y fait songer.

■■■■■ LE CHANT ET LA DANSE

Inès chante, Estelle danse. Dans *Huis clos*, l'art oratoire est doublé par d'autres moyens d'expression.

Le chant d'Inès

La chanson d'Inès prolonge, sur le mode de l'interlude musical, le thème du bourreau. Elle évoque, en effet, de manière populaire et plaisante une guillotine dont le bourreau est débordé par le nombre de personnes à exécuter.

Autant que le contenu de la chanson, il faut aussi prendre en compte le moment où s'élèvent les premières mesures de cette ritournelle révolutionnaire.

Garcin vient de s'enfermer dans un silence méditatif, abasourdi qu'il est par la découverte d'Inès : « Le bourreau, c'est chacun de nous » (p. 42). Une didascalie[1] précise : « Un temps. Ils digèrent la nouvelle. »

Au silence de Garcin, imité par Estelle, répond alors le chant d'Inès. Celui-ci laisse à la fois aux spectateurs et aux damnés le temps de « digérer » à leur tour l'effrayante nouvelle. Mais ce chant qui constitue une pause laisse simultanément s'insinuer la frayeur. N'y est-il pas aussi question de bourreau ?

La danse d'Estelle

Mimant la scène du dancing qu'elle commente (p. 69-70), Estelle danse. La pièce soudain bascule vers la féerie. L'espace du « huis clos » se fait plateau où bouger et évoluer. Comme Estelle, en même temps qu'elle danse, décrit la danse qu'elle observe sur terre, on a l'impression qu'un fragment de vie terrestre envahit l'« enfer ».

La danse convient par ailleurs à Estelle. Danser, c'est en effet pour elle s'imposer au regard d'autrui. Or, Estelle est un personnage qui vit dans le superficiel (voir ci-dessus, p. 23), qui a besoin de se contempler dans un miroir (voir ci-dessus, p. 36). En dansant, elle devient le centre d'intérêt.

Tous les moyens d'expression qu'utilise Sartre concourent donc à la signification de la pièce.

---

1. Voir ci-dessus, p. 37, note 2.

La dramaturgie

Une pièce de théâtre est le plus souvent écrite pour être jouée. De cette évidence naissent les difficultés. La scène, quelle que soit sa surface, dessine un espace limité. Comment le dramaturge traite-t-il donc cet espace scénique en fonction des besoins de son intrigue ? Toute représentation théâtrale possède par ailleurs deux durées, qui ne coïncident que rarement : la première est celle du spectacle (une heure et demie environ pour *Huis clos*) ; la seconde, fictive, est celle que nécessite l'intrigue. Comment travailler sur ces deux durées ? De quelle façon enfin l'auteur ménage-t-il l'intérêt dramatique, sans lequel les spectateurs risqueraient de se lasser ?

■■■■ UN ESPACE À TROIS DIMENSIONS

Le titre de la pièce est trompeur quand on cherche à analyser le système spatial imaginé par Sartre. Le « huis clos » [1] définit en effet un lieu unique et fermé. Or *Huis clos* comporte trois espaces.

Espace scénique et lieu unique

Le salon dans lequel sont successivement introduits les trois damnés constitue le premier espace. Il se confond avec la totalité de la scène de théâtre où l'œuvre est représentée, et il est, pour le spectateur, le seul visible. Il justifie le titre de l'œuvre. C'est un lieu unique : les personnages n'évoluent ni ne passent dans aucun autre endroit. Même lorsque, par extraordinaire, la porte du salon s'ouvre (p. 86-87), aucun d'eux n'en franchit vraiment le seuil. Imité par Estelle, Garcin reste pour convaincre Inès de son

---

1. On dit, par exemple, d'un procès qu'il se déroule à huis clos quand les débats ne sont pas publics.

(supposé) héroïsme. C'est en outre un lieu clos, qui fonctionne comme un piège. Le trio est condamné à y vivre éternellement. L'absence de fenêtres, privant de toute vue sur l'extérieur, accentue la sensation de clôture.

L'espace de l'enfer
au-delà du lieu scénique

Un deuxième lieu, englobant le premier, existe pourtant. Le salon n'est en effet qu'une partie de l'enfer qui est, lui, beaucoup plus vaste. C'est un espace invisible aux spectateurs et inconnu de Garcin, d'Estelle et d'Inès. Une des fonctions du « garçon d'étage » est d'en suggérer la réalité et l'immensité. On reprendra ici les informations données dans le chapitre 7 sur le caractère inquiétant de la topographie (voir ci-dessus, p. 50).

Grâce à deux procédés simples, cet espace en principe inimaginable devient concevable. D'une part, l'enfer apparaît comme une reproduction sans fin du salon, qui en est l'unité de base : « Il y a d'autres chambres et d'autres couloirs et des escaliers » (p. 19). D'autre part, les damnés proviennent de la terre entière. À chaque peuple correspond un mobilier particulier (p. 14). Par le procédé de la multiplication à l'identique et par celui de l'expansion démographique, se trouve ainsi suggérée l'idée d'un infernal infini.

L'espace terrestre
et le lieu scénique

Le troisième et dernier lieu est celui de la Terre. Si Sartre prend bien soin de ne pas localiser l'enfer et s'il le situe dans un ailleurs indéterminé, des liens visuels ne s'en établissent pas moins entre l'enfer et la Terre. L'une des sources du fantastique, a-t-on déjà noté (voir ci-dessus, p. 52), réside dans la faculté provisoire qu'ont les personnages d'observer ce qui se passe ici-bas. Chacun d'eux décrit les activités de ceux qu'ils ont laissés en mourant. Garcin aperçoit sa femme s'éloigner de la caserne où il fut fusillé, et marcher « toute noire dans la rue déserte » (p. 32) ; puis, il voit la salle de rédaction, où il était journaliste (p. 33). Inès contemple la chambre qu'elle occupait avec Florence (p. 55). Estelle observe la danse de Pierre et d'Olga (p. 70). Visibles pour les personnages, ces différents lieux ne le sont pas pour les spectateurs. Mais ces derniers, entendant les descriptions qui sont faites de ces lieux, peuvent se les représenter mentalement. Par brefs surgissements, l'espace terrestre interfère avec l'espace de l'enfer.

Contrairement à ce que le titre de la pièce pourrait laisser croire, le traitement de l'espace s'avère complexe et très élaboré.

▬▬▬ UN TEMPS MUTILÉ

Le chapitre 8 a déjà abordé la manière par laquelle Sartre réussit l'exploit de suggérer l'éternité dans une pièce relativement brève. On s'y reportera pour l'essentiel (voir ci-dessus, p. 53 à 56). Comme ce chapitre étudiait les rapports des personnages avec le temps ou, si l'on préfère, de la subjectivité d'une conscience avec la chronologie[1], il importe de compléter cette analyse par quelques remarques relevant plus directement de la dramaturgie.

La coïncidence du temps fictif et du temps réel

Peu nombreuses sont les pièces qui, dans l'histoire du théâtre, réalisent la coïncidence absolue entre le temps réel de la représentation et le temps fictif de l'« intrigue ». *Huis clos* en fait partie. L'absence d'événements extérieurs conduit à un strict enchaînement des scènes les unes aux autres. Aucun intervalle temporel ne les sépare. Autrement dit, le temps fictif est égal au temps nécessaire aux acteurs pour jouer la pièce. L'impact dramatique n'en est que plus fort. Les spectateurs vivent et suivent les réactions des personnages au même rythme que ces derniers, en « direct » en quelque sorte.

---

1. Voir ci-dessus, p. 53 et 54.

Une entrée dans l'éternité

La virtuosité de Sartre consiste à faire naître de cette coïncidence une sensation d'éternité. C'est à première vue un paradoxe, car l'éternité excède par principe toute durée. Sartre y parvient cependant par une immobilisation du présent[1]. La durée n'est plus que la répétition, à l'identique, de l'instant présent. Par ce moyen, le temps fictif acquiert une double dimension : d'une part, il correspond à l'entrée des personnages dans l'éternité ; d'autre part, tous les instants se ressemblant, cette entrée figure déjà l'infinie durée (plus de détails, voir ci-dessus, p. 54).

Un temps sans passé et sans avenir

Pour obtenir ce résultat, le dramaturge mutile progressivement le temps. Les personnages se détachent de leurs souvenirs (voir ci-dessus, p. 53). Ils sont leur passé, ils se confondent avec leurs actes terrestres, mais ce passé n'existe que par sa valeur de bilan. Il est un trait définitif, tiré sur la vie de chacun des membres du trio. L'avenir ne recèle pas davantage de signification, puisqu'il n'y a plus de futur. Ainsi privé de passé et d'avenir, le temps se réduit à un pur présent.

▆▆▆▆ L'INTÉRÊT DRAMATIQUE

Il suffit de lire la pièce ou de la voir jouer pour vérifier par et sur soi-même l'exceptionnelle force de *Huis clos*. Loin de susciter le moindre ennui par son absence d'action, elle retient constamment l'attention par son impact dramatique.

Une absence totale d'action

Huis clos est une pièce sans action. Il ne s'y passe matériellement rien. Dès lors que les trois personnages sont introduits et réunis en enfer, tout est en place. Le « garçon d'étage » les en avertit et, par la même occasion, nous en avertit : « Il ne viendra plus personne », dit-il (p. 28). Aucun

---

1. Voir ci-dessus, p. 54.

rebondissement n'est donc à espérer de la venue d'un autre damné. Comme la relégation en enfer est, par définition, définitive, aucune remise de peine n'est envisageable. Aucune évasion n'est possible. Aucun transfert d'un personnage dans une autre « chambre » infernale n'est imaginable.

L'ouverture soudaine de la porte constitue à l'extrême rigueur le seul événement qui soit. Mais elle ne modifie en rien le cours de la pièce. Garcin refuse volontairement de s'enfuir. Pour aller où d'ailleurs et dans quel but ? Sa fuite même serait inutile. Aussi loin qu'il serait d'Inès, la pensée qu'Inès sait qu'il est un lâche continuerait de l'obséder (p. 88). Au sens strict, *Huis clos* ne repose sur aucune intrigue.

Un évident impact dramatique

L'intérêt que suscite la pièce ne se dément pas pour autant. Le spectateur, fût-il peu familier de l'existentialisme, ne peut en effet qu'être passionné par le mécanisme à l'œuvre dans *Huis clos*. Une logique implacable broie les personnages en rendant impossible toute forme d'accord entre eux. Jamais deux d'entre eux ne peuvent s'entendre contre ou en dehors du troisième. Garcin le constate amèrement lorsqu'il dit à Estelle en parlant d'Inès : « Laisse-moi. Elle est entre nous. Je ne peux pas t'aimer quand elle me voit » (p. 94). À l'inverse, aucun des trois ne peut s'enfermer dans une splendide indifférence : « Vous pouvez vous clouer la bouche, dit Inès, vous pouvez vous couper la langue, est-ce que vous vous empêcherez d'exister ? » (p. 51). Le piège est parfait. C'est son fonctionnement qui crée l'intérêt dramatique.

ÉLÉMENTS DE BIBLIOGRAPHIE

Sur Sartre et l'ensemble de son œuvre

– BEAUVOIR Simone de, *La Force de l'âge* (Paris, Gallimard, 1960). Récit minutieux de la vie de Sartre jusqu'en 1944.
– JEANSON Francis, *Sartre par lui-même* (Paris, éd. du Seuil, coll. « Écrivains de toujours », 1955).
Une analyse de l'homme et de l'écrivain, ainsi que de la fonction de l'écriture.
– LOUETTE Jean-Pierre, *Jean-Paul Sartre* (Paris, Hachette « Supérieur », 1993).
Une présentation de l'homme et de l'œuvre.

Sur l'ensemble du théâtre de Sartre

– LORRIS Roger, *Sartre dramaturge* (Paris, Nizet, 1975).
– ROUBINE Jean-Jacques, « Sartre devant Brecht » dans *Revue d'Histoire littéraire de la France* (nov.-déc. 1977).
– ROUBINE Jean-Jacques, « Sartre entre la scène et les mots » dans *Revue d'esthétique* (n° 2, 1981).

Sur *Huis clos*

– ISSACHAROFF Michael, « Le visible et l'invisible : *Huis clos* », dans *Le Spectacle du discours* (Paris, J. Corti, 1985).
– GALSTER Ingrid, *Le théâtre de J.-P. Sartre devant ses premiers critiques*, (Tübingen, Paris, G. Narr et J.-M. Place, 1986, t. I).

Huis clos dans l'œuvre de Sartre

Huis clos étant inséparable de *L'Être et le Néant* (1943), on pourra faire d'utiles rapprochements entre la pièce et les extraits suivants de *L'Être et le Néant* (Gallimard) :
– sur la liberté (p. 555-560) ; sur l'angoisse (p. 65-72) ;
– sur la mauvaise foi (p. 94-100) ; sur le « pour-autrui » (p. 311-330) ;
– sur l'échec de l'amour et de la haine (p. 444-484).
De même, à propos du traitement du temps dans *Huis clos*, on pourra consulter *Situations I* (Paris, Gallimard, 1947, p. 71-81).

Filmographie

Huis clos de J. Audry (1954), avec Arletty, G. Sylvia, F. Villard et J. Debucourt.

INDEX DES THÈMES ET DES NOTIONS

PROFIL PRATIQUE

Imprimé en France par Pollina, 85400 Luçon - n° 77258-A
Dépôt légal n° 17378 - Avril 1999